Nylands Kleine Westfälische Bibliothek 57

www.nyland.de
nyland@nyland.de

Hans Wollschläger
Lesebuch

Zusammengestellt
und mit einem Nachwort
von
Michael Girke

Nylands Kleine Westfälische Bibliothek 57

Nylands Kleine Westfälische Bibliothek
hg. im Auftrag der Nyland-Stiftung, Köln,
von Walter Gödden

Band 57

Die Deutsche Nationalbibliothek verzeichnet diese Publikation in der Deutschen Nationalbibliografie; detaillierte bibliografische Daten sind im Internet über https://portal.dnb.de/ abrufbar.

Gedruckt auf umweltfreundlichem, chlorfrei gebleichtem und alterungsbeständigem Papier.

Coverfoto: Ashkan Sahihi. Abb. aus Porträt Hans Wollschläger. Eggingen 1995.

Bücher der Nyland-Stiftung, Köln,
im Aisthesis Verlag
www.aisthesis.de

© 2016 Nyland-Stiftung, Köln
Umschlaggestaltung: Robert Ward
ISBN: 978-3-8498-1149-5
Druck: docupoint, Barleben

Inhalt

Bleistiftzeichnung von Eberhard Schlotter, 1984.

Kindheit, Krieg, Herford

»Pommerland ist abgebrannt«
Kindheit bei Kriegsende. Kleine Erinnerung an
große Zeiten.

Das gewaltige stahblecherne Zifferblatt vom Turm der
Johanniskirche lag zerknüllt vor dem Portal, dessen schwere
Türflügel aus den Angeln gerissen waren, und die
Hämelingerstraße zeigt sich, je weiter man kam, mit immer
mehr Trümmern übersät: Dachpfannenschutt und Fens-
terklein; das Eckhaus zum Holland war wie weggeblasen,
nur noch ein gestrüppartiger Haufen Balkenwerk, und das
Gegenüber, Steinmeyers »Hotel zur Post« an der Bowerre,
mit seinen eleganten Türmchen, wirkte wie von einer Rie-
senfaust zusammengeschlagen: der schwere Erkerbalkon
hing noch an einem Mauerrest; von der aufgerissenen
Flussseite konnte man in die wie aufgeblasen weißgefliesten
Wirtschaftsräume im Keller sehen. Es war kalt und toten-
still; kaum ein halbes Dutzend Menschen kamen des Weges, zwei mit einem Bollerwagen voll mickriger Habe; entsinne ich mich recht, so lag Raureif oder ganz dünner Früh-
schnee auf den Trümmern, und über der Stadt hing tief
und unbewegt das gewohnte westfälische Grau …
Die Stadt, meine Kindheitsstadt – das war Herford in
Westfalen, Anfang November 1944, im Jahre 9 nach meiner Geburt. Herford ist – oder war, das alte nämlich, das
damals nach 1200 Jahren immer noch alte, nicht das jetzige
– eine zurückhaltende Stadt von bäurischer, etwas schmud-
delig düsterer Schönheit, Ergebnis einer stur und langsam
entwickelten Ackerbürgerkultur, mit einem spätromani-
schen Münster, drei gotischen Kirchen, bescheiden ge-
krümmten engen Gassen und einem riesigen Häuserbe-
stand aus dem 16. Jahrhundert – und mit einer gar nicht
schlechten Geschichte, die man sogar ruhmreich nennen

sollte, wegen der weitgehenden Abwesenheit von allem, was sonst Geschichtsruhm ausmacht: ein Etwas, woran das Herz hängen konnte, solange man es ließ. Es hat viele große Zeiten geschickt geduckt überstanden, ohne schlimm aufzufallen, und seine Façon erst zu verlieren begonnen, als das Industriezeitalter hereinbrach und die Fabrikschornsteine den Kirchtürmen Konkurrenz machten. Wir wohnten ein bisschen ober- und außerhalb, ›auf dem Berge‹, dem Stiftberg, im alten Kantoren- und nun Pfarrhaus aus dem 16. Jahrhundert, gegenüber der Marienkirche, Nr. 23. Aber das klingt romantischer als es darf: es war kalt und feucht und muffig in dem klobigen Kasten, und während er für mich, wieviel Frieren und Erkältung mir meine Erinnerung auch aufzählt, doch immer ein zärtlich bedachtes Heimatgehäuse ist, grauste es meiner Mutter mit jedem Jahr mehr davor, und sie verdankte ihm ein lebenslanges und schmerzensreiches Rheuma. Unser Keller, kaum über mannshoch, lag ganz unter der Erde und hatte Grundwasser, das im Winter bis auf Kinderhandbreite stieg und mit Backsteinen und Laufbrettern überbrückt wurde; die Stühle, auf denen wir zuletzt die halben Nächte zubrachten, standen darin wie Inseln aus kleinem Binsengestrüpp. Die Balkendecke war von »Herrn Bexten«, unserem Tischler-Nachbarn, den das Handwerk, uns zum heimlichen Grauen, mehrere Finger gekostet hatte, mit massiven Stempeln abgestützt; das Zimmer darüber war leergeräumt, und so fühlten wir uns, den Schutz Gottes dazugerechnet, zuverlässig sicher. Meine Mutter hatte sich zudem Gedanken über die Strategie der Royal Air Force gemacht und meinte, dass ›die Feinde‹ ein Pfarrhaus bestimmt nicht angreifen würden, und so war sie eine Woche vorher beruhigt zur Rheumakur nach Gütersloh gefahren, zu ›Herrn Güthenke‹, der dort – sehr erfolgreich – ein kleines Natursanatorium betrieb. Sie hörte die Nachricht vom Angriff auf Herford dort und kam sofort Hals über Kopf zurück (und als sie eine Woche später noch einmal hinfuhr, um ihr Gepäck zu holen, fand sie den Seitenflügel, in dem sie untergebracht war, ebenfalls in Trümmern). Alarm und Nachtstunden im Keller hatte es seit dem Frühjahr immer häufiger gegeben, auch den drohenden Ton der nächtens tief und langsam Richtung Berlin ziehenden Bombergeschwader. Aber dies hier, in der Nacht auf den Mittwoch, es muss der 8. November gewesen sein, war der erste Angriff auf Herford selbst, und er schlug auch in unser aller Bewusstsein wie eine Bombe ein. Das Licht ging aus, der Putz kam von der Decke, die ganze dumpfe Höhle schwankte wie bei einem Erdbeben, und was alles sonst noch dazukam, Panik und Hysterie, ist in meinem Gedächtnis um das eine grässliche Geräusch gebündelt, für das der Name »Luftmine« steht: ein Ungeheuer von einem Gewaltlaut, angekündigt von einem Rauschen wie von Flügeln; ich höre es heute noch in seiner monströsen Leibhaftigkeit, wenn auf Dächern oder auf dem Bildschirm die Vollalarm-Sirene heult – oder wenn im öffentlichen Geschwätz von »konventionellen« Waffen die Rede geht. Als ich in der Frühe danach, im ersten Morgengrauen, von fast kühler Katastrophenneugier getrieben in die Stadt hinunterlief, an der Johanniskirche vorbei, zum Münster, dessen gewaltige Fenster herausgeschlagen waren, über den Alten Markt, und dann vor den Trümmerhaufen der Rennstraße stand, wo man nicht mehr weiterkonnte, begann mein Nachdenken über »meine Zeit«; es war eine wichtige Stunde.

Erinnerungen aus so frühen Jahren liegen im Einzugsbereich der Rückblicks-Verklärung, und ich muss diese Schicht, eine polierte Oberfläche gleichsam, bewusst abtragen, um an sie heranzukommen, die gesiebten Brocken zu finden, die darunter liegen. Das fängt bei der seltsamen Vorstellung an, dass eigentlich immer Sommer war in den vielen Kinderjahren, sehr schöner Sonnensommer sogar, wie er nie wiederkehrte: jener November brachte die erste, mir noch genau sichtbare Finsternis an den Himmel. Und bis dahin war das ganze »Dritte Reich«, in dem ich auf-

wuchs, eigentlich ohne Wolken, obwohl auf dem untersten
Gedächtnisgrund auch eine trampelnde Haussuchung liegt,
die allerlei Ängste über uns ausbreitete – und mich später
die Vernunftlist meines Vaters bewundern ließ, der in den
Bücherregalen neben die Hausbibeln in schon ironischer
Fülle die des Reiches platziert hatte, »Kampf« und »My-
thos«, mit ebenso zahl- wie wahllosen Anstreichungen und
Ausrufezeichen wohlversehen. Was ich hier, aus den ganz
verschwommenen Frühjahren heraufhole, steht ohne Re-
cherchen da; es mag nicht immer genau und historisch sein,
ist dafür aber um so genauer wahr. Mein Vater war »im
Krieg«, dann irgendwann, in Frankreich, in Russland; aber
ich wartete auf seine Rückkehr, wie ein Kind heute auf die
von einer Dienst- oder Geschäftsreise warten mag, und
sonderlich ernst konnte ich nicht nehmen, was »unsere
Helden«, wie sie gelegentlich in den Redensarten auch
meiner Mutter hießen, alles zu leisten hatten; da meine
frühe Lektüre aus wundersamen Heldensagen und Ritterge-
schichten bestand (und anschließend aus gierig verschlun-
genen alten Teubner-Geschichtsbüchern), kamen mir Kriege, die ohne Schwert und Schild geführt wurden, ohnehin
ganz langweilig vor, und allmählich beschlich mich sogar
das beschämend undeutsche Gefühl, dass auch die mit
Schwert und Schild eigentlich besser unterblieben wären; –
ein vernünftiger Rest davon erleichtert mir noch heute den
Mangel an Begeisterung für heroische Taten. Erinnerungen
aus so frühen Jahren: es ist ja nicht wahr, dass »das Gedächtnis« mit dem vierten Jahr schlagartig einsetzt und alles
abspeichert; es setzt nur hier und da seine Punktmarkierun-
gen, und deren Dichte nimmt zu, je mehr das vegetative
Leben an Durchkreuzungen erfährt; es waren bei mir, von
den Grundschädigungen vor der Amnesieschwelle abgesehen, nur wenige, und entsprechend wenig lässt sich aus
jenen Jahren abfragen. Sie sind für mich erfüllt von lauter
bunten kleinen Nebensachen, die damals die Hauptsachen
waren, und »ernst« waren sie nur, weil ich doppelt prädes-

tiniert, »ganz im Ernst« lebte; sie hatten kaum Dunkles, Finsteres herzugeben, so hochnotpeinlich ich sie später auch examiniert habe.

Im Jahre 6 war ich »in die Schule« gekommen, heimlich schon ausgerüstet mit der selbsterlernten Lesekunst, weshalb ich meine ersten Schritte in das lärmend düstere Gebäude nicht ganz ohne Zuversicht tat. Ich war zur Wissensaufnahme fest entschlossen und ließ deshalb kein Wort ungelesen auf meinem Weg: »Bürgerschule Stiftberg« stand da, etwas unvermittelt, mit einem Pfeil das Rätselwort »Luftschutzkeller«; es gab überhaupt an sämtlichen Ecken und Enden Schilder, quer durch das ganze Leben, und sogar der Schulhof hatte eins, auf dem »Schulhof« stand. Im ersten Stock auf dem Flur hing das Bildnis eines uniformierten Mannes, der aussah wie »Schlachter Eisbrenner«, ein von uns Kindern gefürchteter und durch die Lebensmittelrationierung ergrimmter Mann, dessen Miene wie von selbst im Zusammenhang des dauernden Hungerhabens stand, und daneben, goldgerahmt und in wuchtiger Reichs-Fraktur, ein Spruch: »Du bist nichts, dein Volk ist alles. Adolf Hitler.« Ich fühlte mich gefährlich angesprochen und fragte, kaum wieder daheim und die Schultüte noch im Arm, meine Mutter nach der Bedeutung. Das sei »Weltanschauung« und mehr philosophisch gemeint, sagte sie unbefangen; wir müssten alle »Opfer bringen«, und »unser Volk« sei eben die Hauptsache. So etwas mochte ein Kind, das eben Ich werden wollte, nun gar nicht finden, nur Erwachsene konnten auf so eine Idee kommen, und der Philosoph, der das gesagt hatte, wurde mir ebenso verdächtig wie die ganze Schule gleich mit. Die goldenen Sprüche, die in Pfarrhäusern herumhingen, waren alle recht friedfertig und inhaltsleer und überhaupt schnell zu Ende zu denken; dieser hier klang nach Herrn Eisbrenner und blieb bedrohlich. Da aber niemand sich daran stieß, ging mir ganz unmerklich auf, dass Bedrohliches immer nur bei wenigen bis zur Wahrnehmung vordringt, und heute, wo jener Spruch zwar als Reine Vernunft nicht mehr vertreten, als praktische aber voll praktiziert wird, und ja doch weit unbekümmerter (und vermutlich eines Tages auch folgenreicher) als in jener Volksgenossenschaft, weiß ich, dass noch die Eigenschaft »Dummes Zeug« dazukommen muss, damit der Volksapplaus sich einstellt. Es dauerte einige Zeit, bis mir dessen Geräusch mit dem rätselhaft alltäglich gewordenen Silbenfall »Halitla« in Zusammenhang trat (wie, um die gleiche Zeit, jene Philosophie mit dem uniformierten Portrait daneben): das musste man rufen – und neuerdings auch noch mit dem Hochreißen des rechten Arms begleiten, wenn »Herr Direktor Albers von der Zeitung« des Weges kam – oder »Fräulein Karwen«, unsere schon betagte Lehrerin (die außer der Fähigkeit, den zunehmend glücklosen Krieg täglich mit Strenge eine Begebenheit abzugewinnen, auf die man »stolz« sein sollte, auch die Kunst beherrschte, ihren Klassen innerhalb eines Jahres die absolut sichere Rechtschreibung und Zeichensetzung beizubringen) – oder »Herr Wöhrmann«, Vater unserer Spielkameraden von neben an und im Ensemble der Kasperle-Puppen (mit denen uns »Onkel Voss«, ein lieber Freund meines Vaters und lieber Freund aller Kinder, gelegentlich allerlei Possen vorspielte) ein holzschnittiger Typ, der feierlichen Unsinn von sich gab –: warum war Herr Wöhrmann nicht im Krieg? »Er darf seiner Partei dienen«, sagte meine Mutter unbefangen, und ich hatte einen weiteren Zusammenhang zu bewältigen: den nämlich, dass es offenbar vorteilhaft war, Parteien zu dienen, und dass an den vorteilhaften Parteien doch etwas Bedenkliches sein musste, weil mein Vater sich in ihren Dienst trotz der Vorteile nicht hatte stellen wollen. Er hatte sich sogar »im Krieg« geweigert, Offizier zu werden; nicht einmal Heerespfarrer wollte er mehr sein. Das bestärkte meine ohnehin gewachsene Skepsis gegen das heldische Unternehmen nur noch mehr. Sie war schon nach wenigen Woche Schule entstanden, wo die Siegesmeldungen einen wichtigen Teil des Lehrplans bildeten: ich musste immerzu »Halitla« rufen, und niemanden kümmerte meine Besorgnis, dass wir eventuell wegziehen müssten, weil wir doch Frankreich erobert hatten und jetzt noch Russland erobern wollten als »Lebensraum« –: ich wollte das nicht; mir gefiel's, wo ich war, und zum Glück war auch bald keine Rede mehr davon. Deshalb zögerte ich auch lange, meinen alten – nicht mehr tauglichen, aber doch sehr interessanten – Messingwecker der »Metallspende des deutschen Volkes« zu opfern; ich fürchtete, den Endsieg damit zu rasch herbeizuführen, und erst als mein Vater, damals gerade »auf Urlaub«, mit vorsichtigem Humor meine Sorge zerstreute, trug ich ihn zur Sammelstelle auf dem Schulhof und bekam dafür eine von »Reichsmarschall Göring« unterzeichnete Urkunde: – ich habe sie heute noch, um mir mit ihr gelegentlich das Gewicht von Orden und Ehrungen in Erinnerung zu halten. Mein Vater zeigte mir auf dem Atlas das Gebiet, das dort noch »Russisches Reich« hieß; ich blätterte hin und her und war völlig verwirrt; ich überlegte, ob wohl auch Herr Eisbrenner einen Atlas hätte. Der große Band war mir von da an lieb und wert; er wurde ein wichtiges Utensil meiner kleinen Überlegungen. Wieso musste man andere Länder erobern? Meine Mutter meinte, das würde ich verstehen, wenn ich groß wäre, und so ist es tatsächlich auch gekommen, obwohl nicht alles eintraf, was meine Mutter meinte; mittlerweile war das Problem der Eroberung außerdem weniger dringlich geworden und in aller Stille in das der »Verteidigung der Heimat« übergegangen, weil jetzt die Russen uns erobern wollten; darüber machte ich mir aber keine Sorgen, denn ich hielt die Russen für viel zu klug, so etwas Unsinniges zu beabsichtigen. Was sollten sie schon mit dem deutschen Volk anfangen – mit mir zum Beispiel, der nicht sehr stark war und gar nichts hatte, oder mit Herrn Direktor Albers oder Herrn Wöhrmann, weshalb sollten sie die besitzen wollen? Höchstens die Deutschen Dome, das hätte sich gelohnt –: ich hatte von meiner

Großmutter ein wunderbares Bilderbuch geschenkt bekommen, das ich noch über Jahre hin gar nicht genug betrachten konnte; aber die wurden nun alle kaputt gebombt, – und bedenk ich's recht, so waren es diese Verlustnachrichten, die mir aus dem »Krieg« den ersten profunden Schrecken einjagten; noch heute will es mir manchmal scheinen, als seien sie … aber das rede ich lieber nicht zu Ende.

Wir waren schlecht unterrichtet – nicht nur wir Kinder, die schlecht unterrichtet wurden, sondern auch »die Erwachsenen«, diese wunderliche, sich in Autoritätsausübungen unentwegt gegenseitig reglementierende Volksgenossenschaft, die mit kleinen zackigen Bewegungen zwischen Zeitungsparolen und Verordnungen hin und herlief und alle Hände voll zu tun hatte, dabei die persönliche Habgier nicht zu kurz kommen zu lassen. Ich kann mich an kein einziges »politisches Gespräch« erinnern, das irgendwo aufzuschnappen gewesen wäre; nur dass immer häufiger jemand »gefallen« war, klingt mir noch heute, in den verschiedensten absurden Tonfällen berichtet, in den Ohren nach. Die Geschichte, wie Kinder sich Zeit-Vorstellungen bilden, muss noch geschrieben werden – und wäre wohl äußerst schwer zu schreiben –: nicht ausgeschlossen, dass dem Erziehungswesen die Augen dabei übergingen. Die Vorurteile steigen aus den dunstigsten Quellen auf und werden dann Urteile, aus denen die Quellen nur scheinbar verschwinden; ich habe später freilich auch immer gefunden, dass man – was die intellektuelle Verifizierung auch an Anstrengungen nachreicht – Glück hat, wenn an ihnen die Vernunft des Kindes beteiligt war. Mir erschien der »Heldentod« einfach als eine besonders verrückte Bestrebung der Erwachsenen, und ich war erleichtert, dass wenigstens von Kindern nicht erwartet wurde, ihn sich zu wünschen; »der Krieg« überhaupt war etwas für Leute, die nichts Wichtigeres vorhatten, und die Welt sowieso ja randvoll von Unsinn, dem man vorsichtig aus dem Weg gehen musste. Erst ganz allmählich, unmerklich fast, sozusagen osmotisch, drang ein etwas größerer Ernst daraus in unsere Kindsköpfe vor – allerdings parallel zum »Ernst der Lage« –: ich erinnere mich eines Gasmasken-Tests im Keller unserer Schule, der mich schockierte: ein Mädelchen fiel dabei zu meinem Schrecken ohnmächtig um und wurde von NSV-Schwestern hastig an die Oberwelt zurückgebracht. Dann breitete sich die Sorge um meinen Vater, der »an der Ost-front« war, auch in die Täglichkeiten aus; wenn seine Briefe ausblieben, kaufte meine Mutter, sonst genügsame Leserin des Herforder »Kreisblatts«, eine »große« Zeitung dazu, und einige der Schlagzeilen blieben mir eingeprägt, obwohl über ihn selber nichts drinstand: »Der Heldenkampf der 6. Armee« zum Beispiel: – der nackte Kämpfer, der darun-ter abgebildet war, tat mir trotz seiner impertinenten Miene furchtbar leid und führte zu der Überlegung, dass man bei der herrschenden Kohlenknappheit höchstens im Sommer heldisch sein sollte, wenn überhaupt. Ich fror, unterernährt, immer sehr, und meine wintertägliche Aufgabe, unseren einzigen Ofen frühmorgens anzuheizen, mit »Schlammkoh-le« oder einem in nasses Zeitungspapier gewickelten Bri-kett, bildete ein vergnügtes Ritual. »Der Osten« wurde für mich zum Inbegriff des Frierens überhaupt und blieb es noch lange danach, als der »kalte Krieg« mit den anderen wie natürlicherweise ablöste. Nachrichten aus dem Süden waren weniger erschreckend: »Italien hat uns verraten!« meldete morgens schon vor der Schule der Spielkamerad Bernd Wöhrmann, so dass wir mit wichtiger Miene im Unterricht erscheinen konnten, wo wir davon dann von einem brüllenden Rektor auf eine Art unterrichtet wurden, dass schließlich alle Klarheiten beseitigt waren. Der heroi-sche Lärm geriet überhaupt bei allem wachsenden Willen, darauf zu merken – immer mehr in eine Art Inflation; der »Heldentod« wurde zur Alltäglichkeit, und das kindliche Problem, wieso er einerseits eine »Ehre« war und anderer-seits ein betrauertes Unglück, Gewinn also und Verlust zugleich, musste als unlösbar beiseite gelegt werden. Es war rundum alles sehr verschwommen, was da irgendwo auf dem Atlas vor sich ging, und auf dem Theater unserer kindlichen Nachspielereien führte es sich ein, dass man einfach laut »Verrat!« schrie, wenn der Lauf der Dinge sich verheddert hatte, – Fund einer fraglos wichtigen Regel der politischen Dramaturgie. Es wimmelte von Verrätern, die an allem Schuld waren; außerdem hörte jetzt noch der Feind überall mit, wenn man etwas sagte, obwohl man ihn noch nicht sah, und der »Kohlenklau« ging um, was mich in unserer klammkalten Wohnung besonders erschreckte. Großes Durcheinander: »Die Vorsehung erhielt uns erneut den Führer« meldete das »Kreisblatt« im letzten Kriegssommer, als täglich schon am helllichten Tag die Bombergeschwader über uns weg zogen: – wie war sie nur darauf wieder gekommen? Die Einrichtung hieß bei uns schlicht »Gott« und stand für das vernünftige Weltregiment; meine Mutter ließ aber durchblicken, dass dessen Ratschluss oft ziemlich unerforschlich sei, und wich – sicher klug in diesem Stadium – allen weiteren Fragen aus, so dass ich mit meinen Erwägungen wieder allein blieb: Hatte jemand eine Bombe auf Herrn Eisbrenner geworfen? Offenbar aber keiner der Feinde, von denen man es hätte erwarten sollen, sondern ein Volksgenosse – der ihn vielleicht mit einem Feind verwechselt hatte? Er hatte es aber mit Absicht getan, und eine Menge Leute hatten ihm dabei geholfen –: was war da los – und ausgerechnet jetzt, so kurz vor dem Endsieg? Meine Mutter »wusste« schlechterdings nichts, und sie hat auch später Politik immer napoleonisch als »das Schicksal« verstanden, als die graue Decke des Horizonts, nach der man sich vorsichtig, aber ohne Murren strecken musste. »Große Sorge macht mir Dein Husten«, schrieb sie an meinen Vater, während er mitten in östlichen Vernichtungsschlachten steckte: – ich habe diese Briefe, es sind viele hunderte, noch heute und manchesmal mit nicht ungemischten Gefühlen darin gelesen. Freilich hat er sie, meine Mutter, auch immer unwissend gehalten, und nur zum Teil der Zensur wegen; welche Vorstellung sie von seinem Posten am »Scherenfernrohr« hatte, im vordersten Graben, wo er »die Russen« nicht nur haarklein sah, sondern sogar hörte, mag ich mir gar nicht ausdenken, – wahrscheinlich eine mit dem Wort »fern« assoziierte Schreibstuben-Behaglichkeit. »Der Krieg hat uns alle hart genug am Wickel«, schrieb er an uns im Dezember 1944; »wir wollen uns desto mehr von unserem eigenen, unkriegerischen Ergehen erzählen, so gut es gelingen mag, damit unsere Briefe Boten des Friedens werden.« Er war ein durch und durch friedfertiger Mensch, von dem ich nie im Leben auch nur ein gewalttätiges Wort gehört habe und der das wirklich Erlebte lebenslang in sich verstecken musste; auch in dem Buch, das er später darüber schrieb, versteckte er es nur. Wie sehr ich wünschte, seinen Aufenthalt genauer zu wissen und auf dem Atlas suchen zu können, und wie sehr sich dahinter Liebe und Entbehrung verbarg, wird mir daran kenntlich, dass mir noch heute unausgelöscht seine ganzen »Feldpostnummern« durchs Gedächtnis schnurren: jene utopischen Adressen, die mit dümmlicher Begründung doch nur einbekannten, dass der Mensch numeriertes Kanonenfutter war: 27424, 19387, 27212/3, zuletzt 38498… Erinnerungsspreu, windig verwirbelt, vieles bloß kleine Brocken inmitten von Luft … Mir war der Wunsch, »mein Volk«, dieses bedrohliche »Alles«, möglichst bald besiegt zu sehen, irgendwann ganz selbstverständlich geworden, aus keinem anderen Grund als dem, dass ich um keinen Preis »Nichts« werden wollte, und lange bevor gewichtige andere Gründe dazukamen; dabei blieb dieses aufgequollene Ding, das so ähnlich aussah wie der Kohlenklau (heute heißt es »die Gesellschaft«), für mich vollkommen getrennt von dem, was »die Leute« waren; um die machte ich mir natürlich wachsend Gedanken, viel mehr als um mich selbst, der sich – sollte ich's benennen – allmählich geradezu auf der Besieger-Seite fühlte: – so böse kann sich selbst die schlaueste Weltanschauung rächen. »Der Führer kennt nur Kampf, Arbeit und Sorge«, stand auf den alltäglichen Postkarten gedruckt; »wir wollen ihm den Teil abnehmen, dem wir ihm abnehmen können«: davon konnte bei mir keine Rede sein, und wer – ich hatte's mir schon gedacht – wirklich nichts anderes kannte, sollte sehen, wo er blieb. Es sah offenbar nicht gut für ihn aus. Zwar gab es überall »Gefangene«, die sonderbar frei herumliefen, aber sie waren schon lange da, und neue kamen nicht hinzu. Die meisten waren zudem nur Untermenschen, zu deren Besiegung nicht viel Schneid gehören konnte, und hießen alle »Iwan«; aber ein besonderer Iwan brachte einen nachdenklich freundlichen Klang in den abschätzigen Namen; er arbeitete auf dem Lande, wo uns das bewahrte Ansehen meines Vaters gelegentlich ein paar Naturalien eintrug, bei »Bauer Wetehof«, und ließ mich auf dem Pferd reiten, mit dem er die Egge über die Felder zog; einmal gab er mir, dem ewig hungrigen Kind, von seinem Butterbrot ab. Ich fühlte mich auf undeutliche (und schon gar auf undeutsche) Art mit ihm solidarisch, ja geradezu verwandt, weil er genauso barsch und streng behandelt wurde wie wir Kinder, und vor einem allzu romantischen Bild bewahrte mich erst, was dann im Winter 45/46 folgte, wo die freigelassenen Gefangenen, meist Polen, in Schwarzemoor an den bäurischen Herrenmenschen schlimme Rache nahmen; die Eltern von »Else Quest« wurden furchtbar mit Äxten erschlagen. In der Schule wurden wir zunehmend geängstigt: »die Feinde« rückten näher und wollten das deutsche Volk, meinen Ich-Feind, nun nicht mehr bloß besiegen, sondern ganz ausrotten; das war mir einerseits verständlich, andererseits aber auch unheimlich: all die vielen Leute? Auch der flüchtige Gedanke, sie würden vielleicht nur Herrn Wöhrmann ausrotten, weil er seiner Partei gedient hatte, uns aber wohnen lassen, beruhigte mich nicht: was sollten dann Bernd und Wölfer machen? Und was hieß das überhaupt – und speziell für uns? Besonders die Kinder – die sollten allesamt vergiftet werden; das wusste der Rektor aus sicherer Quelle. Aber zum Glück hatten wir noch die »Wunderwaffen«, und jetzt ließen wir die Feinde zum Schein heran, um sie alle bequem bei der Hand zu haben und zu »vernichten«. Das klang wieder wie mehr philosophisch gemeint und kam mir auch gar nicht sehr gut geplant vor; aber mich fragte ja keiner, und es hat dann noch länger gedauert, bis der Begriff Philosophie sich in meiner Vorstellung vom Bild eines unsinnredenden Bramarbas am Katheder gereinigt hatte. Lästig war nur, dass wir Schüler tagtäglich gehalten waren, ein bestimmtes Quantum gesammelter »Heilkräuter« abzuliefern, um den Endsieg zu sichern –: die Hagebutten wurden lastwagenweise abgeholt, um an die Front gefahren zu werden, und irgendwie kam daraus zustande, dass ich mir unter den Wunderwaffen, mit denen Herr Eisbrenner auf der Lauer lag, immer so etwas wie eine gigantische Spitztüte mit Huflattich vorstellte, was einerseits natürlich kindisch falsch war, aber andererseits auch wieder kindlich sehr richtig. Viel Spreu in der Erinnerung, wenige Brocken. Natürlich drang mancher Unsinn aus der allgemeinen Gedankenlosigkeit auch unmittelbar in unsere kindliche ein: wir sangen »Es zittern die morschen Knochen«, als sie tatsächlich überall schon zitterten, und das unwiderstehliche »Vor der Laterne« sogar auch später noch, wenn es galt, unser »Pflichtjahrsmädchen« Marlene zu entsetzen; dabei durfte meine Mutter, die uns ausgerechnet dieses Lied aus unerläuterten Gründen verboten hatte, freilich nicht in Hörweite sein ... Spreu: ich war sehr kindlich, also ahnungsvoll und ahnungslos zugleich, sehr lange schlecht unterrichtet, sehr lange ganz un-schuldig; die Verhältnisse ließen das leichter zu als heute. Es war eine Zeit archaischer Ich-Schrumpfung, und wo die Erwachsenen kindisch werden, bleiben die Kinder meist ungehudelt. Aber die allgemeine Regression, die aus der immer grelleren Fühlbarkeit des Realitätsverlustes durch die Realität ingang gebracht wurde, überholte die Stufe noch, auf der wir kleinen Wichte uns befanden, und wir fühlten uns manchmal, ganz unerklärlich, im Besitz einer Vernunft, die in der gesamten Umwelt überhaupt nicht mehr zu finden war. Das rigide Befehlsgebell, mit dem jeder über den anderen herfiel, um lautstark zu vertuschen, dass er selber längst im Dunkeln pfiff, kam bei den primordialen Sequenzen an und tauchte kopfüber in die Vorsprachlichkeit: es herrschte auf einmal eine beängstigend dumpfe Stille, in der nur noch das Gekrabbel und Geraschel urgesellschaftlicher Nahrungsjagd zu hören war. Und dann kamen die Bomben.

Im Sommer hatte ich noch ganz müßig »die Flieger« am Himmel ziehen sehen, im Gras auf dem »Luttenberg« liegend, einer eichenbestandenen Anhöhe vor unserem Haus und über der Stadt –: die Geschwader flogen in sehr großer Höhe, kleine silberne Vögel, mit dünnen weißen Kondensstreifen hinter sich; manchmal kam »Lametta« gerieselt. Sie blieben aber immer fern, abstrakt sozusagen, weil sie ja auch gar nicht uns suchten, sondern »die Reichshauptstadt«; man hörte sie nicht einmal; die Phantasie konnte sehr leicht und schnell von ihnen zu den Spielen der Tagesordnung übergehen. Nun waren sie nah: Bielefeld und der Viadukt von Brake bildeten strategische Ziele; auch lagen wir an der Bahnlinie Köln-Berlin; es galt uns selber. Die Stille zerriss – mit einem Krach, wie ich ihn noch nie im Leben gehört hatte, und auch meine Mutter war, kaum zurück, zutiefst schockiert; sie packte aber – mit der bewundernswürdigen Tatkraft, die ihr immer blieb – sofort zu und zog mit uns zu meinen Großeltern, ins nur 7 km entfernte Bad Salzuflen, Wellenfeldstraße 8. Aber auch dort gab es Alarm, schon in der zweiten Nacht, und es entstand ein unlösbares Dilemma: mein Großvater, pensionierter Superintendent, weigerte sich nämlich, im Keller Schutz vor den Unerforschlichkeiten der Vorsehung zu suchen; er zog sich lediglich einen schwarzen Anzug an, wenn die Sirene heulte, und setzte sich gefasst auf eine Bank im Flur; seine einzige Sorge ging dahin, auf jeden Fall nicht im

Nachthemd, sondern voll standesgemäß gekleidet vor seinen Schöpfer zu treten. Es gab sehr philosophische Debatten darüber; aber seine 73 Jahre hatten ihn mit genügend Starrsinn ausgerüstet, so dass unsere kleingläubige Lebensneigung nichts vermochte. Die alten Leute allein zu lassen, ging nun nicht an; auf Selbstschutzmaßnahmen zu verzichten aber ebenfalls nicht –: so fuhren wir denn nach 14 Tagen wieder zurück – ich gern, weil es in den ungeheizten Räumen bitterlich kalt gewesen war; die Decke, die mich damals wärmte, tut es bei Bedarf noch heute und hat für mich eine sozusagen geschichtlich gewachsene Behaglichkeit. Von jetzt an brachten wir fast jede Nacht im Keller zu; spätestens um 9 Uhr kam Alarm, und bis zum Vollalarm dauerte es dann oft nur drei Minuten; manchmal krachte es schon, während wir noch schlaftrunken auf der engen Treppe stolperten. Aber ich war aufgewacht. Ganz anders lasen sich jetzt die Nachrichten im »Kreisblatt«, ganz anders etwa die von der Katastrophe der Möhnetalsperre: – »Heinrich vom Dienst« nannten die Leute den Flieger, der das schändliche Bravourstück endlich geschafft hatte, und wo immer in unserer Gegend etwas ähnliches geschafft wurde, stellten sie sich ihn als den Urheber vor: sie wollten gern von einem Spezialhelden besiegt werden, wenn es denn sein musste; und machten ihn sich selbst nach ihrem Bilde zurecht; manche behaupteten, ihn am Motorengeräusch zu erkennen. Meine Mutter schlief keine Nacht mehr, immer in Angst, einen Alarm zu überhören, und die Handgriffe, mit denen sie mich und meine beiden jüngeren Geschwister weckte, in ihre Kleidung trieb und in den Keller schleppte, waren von panischer Präzision. Ich hatte mich selbst zu versorgen und zwei »Taschen mit Sachen« mitzunehmen, wozu noch als eigene Habe mein winziges blaues Pappköfferchen kam: es enthielt zwei gespitzte Bleistifte und mehrere selbstgemachte Notizhefte, in die ich »schöne Wörter und Ausdrücke« eintrug oder die Grund- und Aufrisse von Burgen und Domen oder auch »Komisches«, von

Fräulein Karwen und anderen Volksgenossen; dazu kam mein damaliges Lieblingsbuch »Der König von Rothenburg«, von Paul Schreckenbach, das unbedingt mit überleben musste. Einmal lief ich mitten in der Nacht weg und auf den Luttenberg, um das Schauspiel auch vor Augen zu haben –: die ungefügten Bomben flogen auf ihrer Parabel in die Stadt dicht über die Eichenwipfel hinweg, mit einem bösen sausenden Geräusch, und der dumpfe Einschlag dann unten, irgendwo, mit all seiner Zufälligkeit, erschreckte mich sehr. Dabei empfand ich seltsamerweise nicht die geringste persönliche Angst; ich fühlte mich, es muss gesagt sein, irgendwie sogar mit dem Vorgang verbündet; es war einfach notwendig, »mein Volk« wegzusprengen, damit ich Ich bleiben und wir alle wieder die Leute werden konnten. Im Keller war ich der Stillste, anfangs aus der Überlegung heraus, dass man auch als Bombenziel möglichst wenig durch Geschrei auffallen sollte; mein Fehlen war den dauernd Schreienden denn auch ganz unbemerkt geblieben, und später habe ich die Vorteile der Unbemerktheit aus imgrunde ganz ähnlichen Erwägungen immer ähnlich gesucht. Ich war aufgewacht und mein konfuses Nachdenken mit mir. Ich betrachtete aufmerksam die Trümmer, die zersplitterten Fachwerkbalken, die verbogenen Eisenträger, und wusste auf einmal, »mit einem Schlag« sozusagen, was Gewalt war; der Tod wurde ein Begriff mit Inhalt. Er ging an uns vorbei, und ganz nah an mir vorbei ging er erst im Frühjahr, als »die Tiefflieger« kamen: sie überraschten uns einmal am hellen Mittag »am Langenberg«, wo wir eine kleine Gartenparzelle hatten und Gemüse und Obst zogen; meine Mutter warf sich mit mir in letzter Sekunde unter unseren Sauerkirschenbusch, und die Garbe spritzte in nur Meterentfernung neben uns in das Beet. Es wurde ernst; wir wurden es alle. Das Weihnachtsfest, sonst immer ein Mittelpunkt unserer Kinderfreude, verlief still und bedrückt. Zwar wurde »das Weihnachtszimmer« geheizt, eine ganze Woche lang, und wir hatten aus einer irgendwo eingehandelten Stearinplatte auch fleißig Kerzen gegossen: ihr durch das Wechseltauchen in Wachs und Wasser bedingtes Knistern und Knallen klang wie eine Miniatur des »Krieges«, winzig und sehr fern, und das »Friede auf Erden« der Botschaft hatte keine Schwierigkeiten damit. Auch hatte ich aus den Beständen meines Vaters den »Hirschreiter« geschenkt bekommen, ein erzpatriotisches Jugendbuch aus der Zeit des Ersten Weltkriegs, von Heinrich Sohnrey; ich gestehe, es heute noch liebevoll in der Hand zu halten, und war damals entzückt. Aber es war noch dunkel, es war sehr dunkel geworden: keine Nachricht mehr von meinem Vater seit zwei Wochen; Ungewissheit überall, nichts und niemandem mehr zu glauben. Wir hatten eine weitere »Einquartierung« bekommen, »Langes« geheißen, moderne jüngere Leute, mit denen ein Radio ins Haus kam –: ich saß oft bei ihnen und hörte; ich wusste jetzt, was die »schweren Rückzugskämpfe im Osten« sein mochten, und bekam auch das System der »Flakzentrale« schnell heraus: »Starke Verbände im Anflug auf Planquadrat Soundso«. Einmal, an einem sehr kalten Tag, kurz nach Weihnachten, sprach auch Herr Eisbrenner aus dem Kasten, für mich zum erstenmal. Es war eine furchtbar lange Rede, und ich entsinne mich nur noch, dass er jetzt »gesündere Heime für den deutschen Menschen« bauen wollte; deswegen also ließ er die alten ruhig von den Feinden wegbomben, sie nahmen ihm die halbe Arbeit ab. Es gab fast dauernd nur noch Alarm, auch tagsüber; die Schule fiel schließlich ganz aus; unser Leben stand voll von Löscheimern mit Wasser und Sand. Wer konnte, flüchtete aufs Land – oder auch, besonders geistesgegenwärtig, in irgendeine andere Stadt, die noch nicht bombardiert worden war, um dort bombardiert zu werden. Fräulein Karwen war »Luftschutzwart« geworden und schritt, wenn am hell-lichten Tag die Sirenen heulten und alles in den Kellern zu verschwinden hatte, in ihrem weißen Kittel so gebieterisch über den Stiftberg, dass wir fast wieder beruhigt waren: an die würden sich die Feinde schwerlich wagen. Aber anderswo waren sie weniger behindert, und ich hörte und las sie vorrücken: Anfang März standen sie an der Oder und am Rhein.

Dann ging und kam alles sehr schnell. Obwohl immerzu von »tapferen Abwehrkämpfern« und »unerbittlichem Widerstand« behindert, war »die Front« auf einmal so nah gerückt wie das Osterfest, und »das Ende« stand bevor – unter dem sich die Volksgenossen und Leute allerdings durchaus verschiedenes vorstellten: die Unschuldigen fegefeurigen Untergang und Tod, die Schuldigen einen vielversprechend neuen Jahrgang ihrer Geschäfte. Natürlich sollte auch Herford »bis zum letzten Blutstropfen« verteidigt werden; aber da die Schlachtergesellen, die uns dazu aufriefen, anschließend spurlos verschwunden waren und selbst ihre Anverwandten inzwischen mit ihrem Blut zu geizen begonnen hatten, musste kein großes Drama daraus werden. An den Ausfahrtstraßen waren »Panzerketten« errichtet, und ich ging sie anschauen: »vor der Unterführung«, nämlich der Bahn, die sich manche als unüberwindliches Hindernis einbildeten, standen sie: runde hölzerne Töpfe, von vielen alten Männern mühsam mit Steinen gefüllt; die Panzer fuhren sie dann beiläufig über den Haufen und unbehindert in die Stadt. Der »Volkssturm« stand frierend, von kaum der Halbwüchsigkeit entwachsenen Uniformträgern angeherrscht; die alten Leute hatten Schilder auf den Ärmeln ihrer fadenscheinigen Mäntel, auf denen »Deutscher Volkssturm Wehrmacht« zu lesen war; es gab allerlei »Komisches« aufzuschreiben. Irgendwer Oberkommandierendes war schließlich besonnen genug, unsere kleine Stadt trotz dieser Töpfe und Tröpfe nicht für eine »Festung« zu halten: wie ein Lauffeuer sprach sich herum, dass »unsere Truppen« abgezogen wären, und alles stürzte sich auf ihre Vorräte in ihren Kasernen, nicht weit von uns an der Vlothoer Straße, um sich für den Weltuntergang zu verproviantieren. Meine Mutter hatte sittliche Bedenken, die mein inzwischen befestigter Wirklichkeitssinn aber leicht überwinden konnte: ich zog unser Handwägelchen hinter den Leuten her, zu denen die Volksgemeinschaft in aller Stille nun rapide wieder geworden war, und brachte einen ganzen Armvoll Fleischdosen, je einen Sack Mehl und Haferflocken und eine Kiste Marmelade mit heim. Die Frauen hatten weiße Fahnen genäht, und Herr Direktor Albers lief vergebens herum, um zu warnen und für den glorreichen Untergang zu werben; sie wurden ausgehängt, und nur ein Bauernhof in Schwarzemoor verweigerte die Kapitulation mit dem Betttuch und wurde im Vorbeifahren zusammengeschossen. Und dann standen wir, am Ostersamstag, herzklopfend hinter den Gardinen und spähten hinaus –: da kamen die schweren amerikanischen Schwimmtanks beim Luttenberg um die Ecke gefahren, exotische Schwarze obendrauf, die freundlich grinsten und winkten; sie rollten vorüber, und die große Zeitenwende war vorbei, noch ehe wir uns versehen hatten. Sie war auch nur noch eine Nebensache. Denn am Karfreitag war aus Bad Salzuflen eine Nachricht gekommen, die alles überstrahlte: mein Vater lebte; er war zehn Tage zuvor bei Danzig schwer verwundet worden und bei einem letzten Transport ausgerechnet hierher gelangt; er lag in einem Reservelazarett am Forsthaus. Meine Mutter nahm mich sofort, es war später Nachmittag, aufs Fahrrad und fuhr hin; wir durften ihn kurz sehen; da lag er, mit vielleicht hundert anderen, in einer Baracke und lachte uns entgegen. Das war nun wahrhaft »Licht vom unerschöpften Lichte«, wie meine Mutter auch mir aus dem Herzen sagte. Er sah sehr leidend aus, ganz abgezehrt, und hatte ersichtlich Mühe, uns seine Schmerzen zu verbergen (Lungendurchschlag von einem Granatsplitter, Brand an den zerschmetterten Rippen); aber wir wussten, er würde wieder gesund werden. Ich bekam seine Taschenuhr von ihm geschenkt, nur noch ein Fetzen schief zerrissenen Metalls; sie hatte einen tödlichen Splitter von ihm abgehalten. Nun war alles andere wirklich nur noch alles andere und leicht zu bewältigen, wie schwer es auch werden mochte.

Es wurde durchaus ziemlich schwer, auch für mich, der unmerklich in die Rolle der Selbstverantwortung hineingewachsen war und sie mehrfach zu bewähren hatte, aber meine Erinnerung enthält aus den nachfolgenden Wochen nur Übermut, ja Leichtsinn: eine Art Silvester-Neujahrs-Stimmung, die zu Recht nicht von allen geteilt wurde und so unsinnig war wie die alljährliche. Man hatte den Hereinbruch der Finsternis erwartet, und es wurde im Gegenteil Licht. Die Kapitulation in Herford erfolgte am 1. April, und ich machte viele sicher ziemlich dümmliche Witze darüber; »das Reich« brauchte noch über fünf Wochen länger, und mir war zumute, als sei ich selbst es, der hier der Klügere gewesen war und rechtzeitig nachgegeben hatte; ich nahm mir vor, meiner Zeit auch in Zukunft immer mindestens fünf Wochen voraus zu sein. Was draußen noch alles passierte, bis die anderen nachgekommen waren, ging mich nichts mehr an; wir hörten nicht einmal mehr die Meldungen, nur schließlich die von der endgültigen »Kapitulation der deutschen Streitkräfte an allen Fronten«. Das also war der Endsieg: das bedrohliche Volk war endlich Nichts, und ich konnte in Ruhe werden, was ich wollte. Die Maikäfer flogen; mein Vater war nicht mehr im Krieg; die Sonne schien, der Frühling war da, und es musste sich allesalles wenden. Herrn Eisbrenner gab es nicht mehr, er hatte bis zum letzten Atemzug für sein Volk gekämpft und war folglich darin umgekommen. Das alberne »Halitla« wurde verboten, und man sagte stattdessen »Morgen«, wenn irgendwer mit etwas Dringlichem erschien oder wenn Fräulein Karwen heute kam. Sie gab mir nach einer Woche aus freien Stücken Privatunterricht, weil ja – sehr richtig und inzwischen längst auch meine Ansicht – die Grammatik unbedingt stabil auf den Beinen bleiben muss, »wenn alles in Scherben fällt«; die Schulen waren geschlossen; an der auf dem Stiftberg hing ein neues Schild »Off limits to all personnel«, dem wir gern gehorchten. Morgenglanz, alles neu, manches allerdings blieb auch beim Alten. Viele Volksgenossen, Befehls-Haber aller Sorten, deren Kinnbacken gestern noch wie Bolzenschneider ausgesehen hatten, drückten sich geschmeidig grinsend bei den Amerikanern herum, und bald standen sie neben ihnen und hatten nicht nur ihre Zigaretten im Mund, sondern ebenda auch die alte befehlshaberische Stimme wieder; die Amerikaner merkten nichts, und ich fühlte mich ihnen, Teil meines euphorischen Übermuts, an Wissen überlegen, was mir freilich auch heute noch passieren kann. Meine Mutter, ehemals Lehrerin gewesen, sprach ziemlich fließend Englisch, eine damals rare Kunst, und wir hatten allerlei Vorteile davon: zum einen wurde sie öfters zum Dolmetschen geholt und mit paradiesischen Naturalien entgolten, zum anderen brachte sie mir rasch die Anfangsgründe bei, und zum Stolz, in der Sprache der »Siegermächte« mitreden zu können, gesellte sich die freudige Erwartung, eines Tages englische Bücher lesen zu können – die es im Haushalt gab, da mein Vater in London geboren war. Nicht allerdings mehr gab es sie: wir wurden von einen Tag auf den anderen »evakuiert«, der ganze Stiftberg, weil dort Offiziere mit ihren Familien wohnen wollten; er bekam eine Mauer aus Stacheldraht rundum, mit strengen Sperrposten, und wir verloren für volle vier Jahre fast alle unsere Habe. Das waren nun die Engländer, nach der Zonenregulierung, und sie waren durchaus rabiater als die US-Leute: sprach man sie deutsch an, so zuckten sie die Achseln; versuchte man's auf Englisch, so stellten sie sich taub. Meine Mutter ließ sich aber nicht einschüchtern und brachte noch allerlei nützliche Dinge aus dem Haus durch die Sperren, mit einer List, die sie erst hatte lernen müssen und die sie schnell lernte. Dafür entsprach es andererseits ihrer Art, jenen »Offiziersfamilien« noch Blumen auf die Tische zu stellen, ehe wir das Haus endgültig verließen; die welkten dann dort wochenlang, und in der Zwischenzeit waren es wieder deutsche Volksgenossen, die nächtens durch die leerstehenden Wohnungen zogen und sie ausplünderten. Es gab wahrhaftig noch viel zu lernen. Aber damit fing ich erst im Herbst wieder an; bis dahin wohnten wir »auf dem Lande«, im Gemeindehaus von Schwarzenmoor, – äußerst frugal und provisorisch und äußerst glücklich im wunderbaren Sommer: – das ist eine Geschichte für sich. Im Herbst kam mein Vater nach mehreren Operationen und vor noch weiteren schwereren aus dem Lazarett »nach Hause«, am 10. Oktober, und zwei Tage später wurde er sogar mit deutscher Gründlichkeit »aus dem Heer entlassen«, das einstweilen keine Verwendung mehr für ihn hatte und einstweilen selber keine Verwendung mehr fand. Wir zogen in die Stadt zurück, in die Eimterstraße: – vom Fenster aus konnte man den Luttenberg sehen und den Turm der Marienkirche, alles unzugänglich gesperrt nun; ich habe in den folgenden trüben Jahren oft hingeblickt. Und damit beginnt für mich die eigentliche Nach-Kriegs-Geschichte, die wieder eine Geschichte für sich ist.

Es gibt historisch nach großen Zeiten immer wieder den Moment, wo alles, was sich als Schicksal aufgeführt hat, zum Nichts in sich zusammenfällt, wo das Schiff endgültig gesunken ist und die Ratten, die es rechtzeitig verlassen haben, sich dem nächsten Fahrzeug zuwenden. Als Alexander beseitigt wurde, war es so, als Wallenstein partisaniert, Napoleon exiliert, Hitler suizidiert wurde –: eine Causa des blutigen Unfugs verlässt spurlos den Tatort, und alles fällt ins Leere. Es ist ein ganz eigenartiger Moment, diese Stille nach dem Sturm, und was man noch sieht vom Schicksal, ist nur der verdächtig regelhafte Tatbestand, dass die meisten Dächer abgedeckt und Leichenberge zuzudecken sind. Die Überlebenden halten den Atem an, und das aus- und Aufatmen braucht lange; nach dem 30-jährigen Krieg dauerte es fast ein Jahrhundert. Kein solcher Moment hätte eigentlich nachhallender, leere- und lehrenreicher empfunden werden müssen als der vom 8. Mai 1945; keiner war

28

kürzer. Es war vorüber, noch ehe gedacht, selber Vergangenheit, noch ehe er Gegenwart hatte sein können. Die regredierten Erwachsenen vertrösteten sich auf später, wenn sie groß wären, und sagten nichts, und vielleicht blieben wirklich nur die Kinder aufmerksam; tatsächlich war es erst ihre Generation, die später die Erinnerungsarbeit leistete. Dieses »Nichts-Sagen« – wer selber Gedächtnishilfe braucht, kann sich beim Nichtssagenden der Kunstproduktionen von damals Metaphern holen, alles dessen, was euphemistisch »die Moderne« heißt, der Architektur vor allem, einschließlich der gesünderen Heime für den deutschen Menschen – dieses Nichts-Sagen hatte, wie es einmalig war, auch eine einmalige Energie: sie war überall spürbar, und ich habe sie von Anfang an als unwahr, als etwas Eigentliches überlähmend gefunden. Nichts »stimmte«, dies aber auf eine unerhört aktivistische Art. Die deutschen Greuel kamen ans Licht, und das deutsche Gedächtnis fiel einfach in Ohnmacht – bei wachbleibender merkantiler Geschäftigkeit –: wo waren die Zeiten hin, in denen gestern noch alle herumliefen? Wenn die Szene zum Tribunal wird und die Opfer endlich reden können, schweigen die Täter; hier schwieg das ganze Volk, so laut es nur konnte. Ich war vollkommen hin und her verwirrt; sollte ich nun meinen Augen trauen wir früher – oder diesmal sehen und doch nicht glauben? Es war vieles unglaublich, und wenn ich's mir auch nicht beweisen konnte, so war mein Instinkt doch sicher genug geworden, es trotzdem zu wissen. Die deutsche Polizei führte sich auf, als hätte sie nie zu etwas anderem als der Verbreitung der Nächstenliebe gedient; auf der kollektiven Unschuldsmiene erschien der Ausdruck eines Biedersinns, wie er in der Physiognomie so kitschig noch nie vorgekommen war (die Spielfilme der 50er Jahre haben ihn dann steckbrieflich festgehalten). Nichts stimmte: Die goldgerahmten Lücken auf den Schulfluren wurden von den Kirchen nachgefüllt, die den gewesenen Philosophen und Weltanschauer doch so inbrünstig alle Sonntage ins

Fürbittengebet eingeschlossen hatten, und der Unterricht begann mit einer »Andacht«, in der martialische Leute, die gestern noch »Die Fahne hoch« gehalten hatten, nun »Ist Gott für mich, so trete« singen ließen, über die Schnell-Quarantäne der »Entnazifizierung« auf ihre Posten zurückgekehrt; ein paar Jahre später hatten auch die Generäle ihre Pension wieder, vielfach auch ihre alte Stellung, und konnten ihre Memoiren schreiben wie die Historiker ihre historischen Romane; die Volksgenossen von ehedem sagten im selben Tonfall »unsere amerikanischen Freunde«, wie sie früher »der Führer« gesagt hatten, und bald hatten dessen Nachfolger für ihren brachliegenden Enthusiasmus, nämlich »die Wirtschaft«, deren Waffen ein weiteresmal mit dem Begriff »Wunder« zusammenwuchsen; es war doch wieder vorteilhaft, Parteien zu dienen, und Schlachter Eisbrenner wurde im Lexikon abgelegt als »Dt. Politiker, Begründer des Nationalsozialismus« ... Es waren Jahre der Unwahrheit, die ich dazu nutzte, Schritt für Schritt an die Wahrheit heranzukommen, bewusster als vor der Zeitenwende, aber immer noch behindert durch die Grenzen meiner Jahre. In dieser Beschäftigung, die viele metaphorische Formen hatte und mir selber als deren gemeinsamer Inhalt erst später aufging, verschwindet die weitere Erinnerungsspreu: der schlimme Winter 1945/46, wo wir zu sechs Personen in einem Zimmer hausten ... das ewige »Schlangestehen« vor dem Fischladen an der Mindener Straße, das nach drei Stunden oft dann doch umsonst gewesen war ... die Frostbeulen an Händen und Füßen, die nachts nicht schlafen ließen ... das große Hochwasser im Februar ... Nur ein Ereignis gehört noch hierher. Im Herbst wurden die Reichs-Gangster hingerichtet: ich war gerade aufs Gymnasium gekommen und lief in der Pause vor den Aushangkasten des »Kreisblatts« gegenüber, um den Gerechtigkeitslauf genau beschrieben zu sehen. Meine Mutter – wir wohnten neben einem Gefängnis, wo allerlei Kleinkriminelle langwierig einsaßen – war sehr erschrocken, dass man die

30

Großen, die man doch sonst sprichwörtlich laufen lässt, so einfach hängen konnte: »Dürfen die denn das?« Ich war ganz sicher, dass sie es nicht nur durften, sondern sogar sollten, – so sicher, dass mir noch heute, wenn ich deutsche Politbeamte funktionieren sehe, gelegentlich das »Denkt an den Galgen« einfällt. Aber sie müssen natürlich längst nicht mehr daran denken, weltweit nicht, und ich bin auch bei weitem nicht blutrünstig genug, um die Totenzahl auf diesem Mordplaneten durch meine Wünsche noch erhöhen zu wollen. Damals war es dennoch eine Sternstunde der deutschen Geschichte: einmal, ein einzigesmal, in einer Leerpause zwischen ihren Zeiten, im utopischen Moment ihres Ausatmens, wurden ihre Verantwortlichen zur Verantwortung gezogen – ehe sie wieder in deutsche Hände überging. Erwachsenwerden heißt unter manchem anderen, viele liebgewonnene Vorstellungen als Utopien erkennen; ich tat mich damit schwer. Ich wurde sogar irgendwann krank auf dem Weg dorthin, musste zwei Monate mit unerklärlichen Gelenkentzündungen fast unbeweglich liegen; ich war wohl, ohne den Zusammenhang zu ahnen, ein bisschen überfordert von solchen Fragen – und von »meiner Zeit« überhaupt.

Sie schritt fort wie eh und je, während ich noch lange infantil in jenem Null-Moment stehenblieb, um ihr fortschreiten zu beobachten. Viele Metaphern kamen geflogen, »Komisches« genug dabei: Während die Abrissbagger sich rüsteten, dem deutschen Gedächtnis mit dem Kahlschlag der Geschichte zu entsprechen, sorgte die Stadt Herford, das im Krieg angenehmerweise eingeschmolzene Wiedukind-Denkmal neu zu produzieren, in jenem Nichts-Sagen-Stil, der jetzt das Sagen hatte; der bürgerliche Sonntagsspaziergang führte weiterhin zum »Bismarckturm« oder zum Gedenkstein für »Kriegsminister Graf Roon«, wenn man nicht gleich nach Minden zum Heldenkaiser Wilhelm radeln wollte oder zum Cherusker Hermann nach Detmold. Meine Neugier, irgendwann die feinen Unterschiede zwischen dem Deutschen der Vor-Kriegsend-Zeit und dem der Nachkriegs-Endzeit zu entdecken, blieb unbefriedigt bestehen; sie mussten irgendwo sein, nur war ich möglicherweise noch nicht weit genug herumgekommen, und was die Stadt sonst noch tat, um sich zu verändern, half mir auch nicht weiter. Das Zifferblatt der Neustädter Turmuhr hing zwar bald wieder an seinem Platz, aber das Hotel zur Post – es gibt's nicht mehr; es gibt nicht einmal mehr die Bowerre, an der er es lag, so wenig wie das Gymnasium, auf das ich ging, die Gassen, durch die ich lief, die alten Häuser, die ich liebte –: die Stadtverwaltung bombardierte weiter mit der Abrissbirne, schlug Schneisen, durch die sich »der Verkehr« wälzen konnte, das heutige Alias der Volksgemeinschaft, und außer den Kirchen – von tollgewordenen Kunsthistorikern in kahle Markthallen verwandelt – blieb kaum ein alter Stein auf dem andern. Wer heute hinkommt, kann das alte Etwas, an dem das Herz hing, noch in Trümmern liegen sehen, modernen und postmodernen, und in Bilderchroniken hat er bei allem, was einst schön war, die Wahl zwischen dem rüden »abgebrochen« oder dem feineren »durch einen Neubau ersetzt«, womit todsicher eine Bank oder ein Kaufhaus gemeint ist. Aber ich komme kaum noch hin, ich habe nichts mehr zu suchen in einer Stadt, die mir meine Kindheit abgerissen hat. Unser Haus ist wohl noch da, der feuchte, muffige, klobige Kasten, inzwischen – weil der Berufsstand meines Vaters wieder zu Ehren und entsprechend höheren Ansprüchen gelangt ist – sogar sehr schön renoviert und wohlbeheizt. Doch all diese Fortschritte habe ich nicht gemeint in meiner Stunde Null –: wer war dazwischen gekommen? Ich stelle mich manchmal zurück in jenen langen atemlosen Moment, in dem ich damals stand, und sehe mich noch einmal unter den Leuten um –: wer war's? Nichts stimmte –: war es das Nichts, zu dem das Volk geworden war? Gab es Volksgenossen, die schlechterdings, sogar beim besten Willen, keine Leute werden konnten? Zu meinen Beschäftigungen im ersten Nachkriegswinter gehörte – durchaus metaphorisch – das Briefmarkensammeln, und ich besaß – sehr geheim getauscht, denn der Handel mit den Reichsmarken war verboten – auch die seltenen beiden letzten: »Parteiformationen SA und SS«, hießen sie vollendet zurückhaltend; sie zeigten pro toto zwei entsprechende Physiognomien, und schon damals ahnte ich, dass ich der Lösung meines Problems ganz nahe war, und stellte mir vor, wie »die Betreffenden« da mitten im Granatenhagel des Endes zum Eisbrenner-Geburtstag Postwertzeichen geplant, entworfen und im ihnen zur Verfügung gestellten Blutrot gedruckt hatten – mit der Legende »Großdeutsches Reich« zu einer Zeit, als dieses nur aus dem Potsdamer Platz und Umgebung bestand. Sie liegen jetzt noch einmal vor mir auf dem Tisch, diese Marken, und ich weiß, dass ich damals, ahnungsvoll, die Portraits betrachtet hatte, die ich suchte –: es waren die der künftigen Bagger- und Birnenlenker; Selbstportraits derer, für die der Zusammenbruch nicht galt und die dann, neben Amerika, sofort wieder zur Stelle waren, um – unter anderem – auch die gesünderen Heime für den deutschen Menschen zu bauen. Sie stehen, scheint es, über den Zeiten und sorgen dafür, dass alles immer wieder anders werden muss und dasselbe bleibt, weil sie immer dieselben bleiben; sie sind … aber auch das rede ich nun nicht mehr zu Ende.

Als Europa Napoleon überstanden hatte, schrieb Chateaubriand, durch ihn sei »der Krieg« zu groß geworden, als dass er je so wiederkehren könne: »Er hat gebieterisch die Türen des Janustempels hinter sich zugeschlagen und hinter diesen Türen Haufen von Leichen aufgetürmt, damit sie nie wieder geöffnet werden können.« Erwachsenwerden heißt, nochmals, Vorstellungen als Utopien erkennen; immerhin mag es lindernd sein, sich in großer Gesellschaft geirrt zu haben. Schon im Sommer 1945 war die »Enola Gay« gestartet, und eine neue Vorstellbarkeit bildete sich heraus –: die nächste große Zeit kam in Sicht, Sprössling der vorangegangenen, die aufs Altenteil ging und dort, wenn sie nicht gestorben ist, noch heute lebt. Das Ganze heißt Evolution, und viele können sagen, sie seien dabeigewesen. Bei einem ihrer vergangenen Momente war ich's, ganz kurz nur, als Kind. Aber ich werde's wohl bis an mein Lebensende gewesen sein.

Rom, Sommer 1973.

Wo das herkommt, was man macht

Zu Arno Schmidts 80. Geburtstag (18.1.1994)
Interview mit Sandra Trauner

*Sie haben Arno Schmidt 1958 in Darmstadt kennengelernt.
Wie kamen Sie in Kontakt?*

Durch Brief und Terminabsprache – ganz so, wie's bei
normalen Sterblichen der Brauch ist. Es war damals noch
möglich bei ihm: die Isolation, mit der er sich gegen die
Gesellschaft schützte und die ihn kurz darauf in die Heide
ziehen ließ, hatte noch nicht alle Zugänge versperrt.

*Erinnern Sie sich an den ersten Eindruck, den Schmidt bei
dieser Begegnung auf Sie machte?*

Wie sollte ich wohl nicht, – es war einer der größten Eindrücke meines Lebens überhaupt. Er wirkte sehr souverän
und war ein Riese von Gestalt; aber das sind natürlich nur
Äußerlichkeiten, die sich höchstens als Metaphern für das
Innere Mitteilen. Was mich wirklich »traf«, war im schon
ersten Augenblick das völlig sichere Gefühl: Hier steht ein
Großer Mann vor mir, eine der Autoritäten, die ich mir
immer in vergangenen Jahrhunderten suchen musste, und
ich hatte das Glück, sein Zeitgenosse zu sein.

*Es entwickelte sich dann eine lange und fruchtbare Zusam-
menarbeit zwischen Ihnen. Sie haben zusammen an der großen Edgar-Allan-Poe-Übersetzung gearbeitet, die Schmidt
Mitte der sechziger Jahre beschäftigte. Wie sah diese Zusam-
menarbeit aus?*

Es war nicht eigentlich Kooperation, denn als der um über
20 Jahre Jüngere und überhaupt Anfangende stand ich

sicher ausschließlich auf der Empfänger-Seite. Was sich über ein Jahrzehnt hin entwickelte, war ein Lehrer-Schüler-Verhältnis; er hat meine Geschichte bestimmt wie nichts anderes, und es endete, als ich mit dem – ja, nicht mit dem »Lernen« an sich, aber mit dem Von-ihm-Lernen fertig war und mich freischwimmen musste.

Stand Schmidt Ihnen auch bei Ihrer »Ulysses«-Übersetzung zur Seite? Schließlich war James Joyce auch sehr wichtig für seine stilistische Entwicklung

Wie er's für meine war und für die jedes Schreibens heute sein sollte: als *das* Paradigma der Moderne, ja. Wir haben viel über Joyce gesprochen, vor allem über die möglichen Zukunfts-Impulse, die durch das Spätwerk »Finnegans Wake« in die Literatur-Welt gekommen sind; aber als ich mit dem »Ulysses« begann, war unsere Verbindung schon still geworden – nicht abgerissen, und schon gar nicht durch Entzweiung oder »Krach«, aber eben »still«, ohne Besuche mehr oder gewechselte Briefe. Auch bei der Poe-Ausgabe haben wir nie eigentlich »zusammengearbeitet«: wir haben uns ganz allgemein besprochen, und dann ging jeder seiner Arbeitswege – die im Detail so verschieden waren, wie es die Übersetzungen dann wurden.

Noch ein dritter Autor verbindet sie beide: Karl May. Schmidt hat 1963 sein umstrittenes Buch SITARA UND DER WEG DORTHIN *veröffentlicht, Sie zwei Jahre später Ihre Karl-May-Monographie. In welchem Maße haben Sie sich hier ausgetaucht?*

Sehr – und mit nicht nachlassendem Interesse an »*wunderlichen Erscheinung*«, wie Thomas Mann sagte. Wir teilten beide die Überzeugung, dass bei einem so seltenen Trance-Schreiber wie May Grundvorgänge der Kreativität beispielhaft zu studieren sind, und wir hielten beide seine unvergleichliche Wirkung für ein ergründenswertes Geheimnis. Dass wir darüber sehr verschieden dachten und auch sehr verschiedene Lösungen vortrugen, war vielleicht für uns beide fruchtbar – ganz abgesehen von dem schönen Gefühl, eine elementare Zuneigung gemeinsam zu haben. Sie ging natürlich bei uns beiden auf die gleiche Quelle zurück, nämlich auf die »Entwicklungs-Hilfe«, die dieser Autor uns in unserer Frühzeit einmal geleistet hatte.

Schmidt hat auch die Entstehung ihres Romans HERZGE-WÄCHSE *mitverfolgt. Inwieweit war er Ihnen als »geistiger Vater« hilfreich – oder als übermächtiges Vorbild belastend?*

»Väter«, die geistigen wie die leiblichen, sind immer hilfreich und belastend zugleich –: es gehört zum Gesetz der Evolution, dass man ihnen nacheifert wie ihnen opponiert. So ging es auch bei mir; meine Liebe und Verehrung für ihn hat dabei freilich nie Schaden genommen. Der HERZGEWÄCHSE, denen man ansehen mag, dass es Schmidt gegeben hat, ohne dass sie aber von Schmidt sein könnten, hat er sehr gefördert – durch seinen unermüdlichen Zuspruch wie auch ganz konkret durch seine Fürsprache bei Verlegern; bei denen hat das Buch es trotzdem so schwer gehabt, wie Schmidts eigene Bücher es am Anfang hatten.

Welches Werk würden Sie Arno-Schmidt-Einsteigern zur Lektüre empfehlen?

Eins der früheren – etwa *Aus dem Leben eines Fauns* oder, wenn Sinn für Satire mitgebracht wird, *Die Gelehrtenrepublik*. Man muss als Leser, wie Schmidt einmal gesagt hat, mit seinem Autor »getreulich altern«, d.h. auf dessen eigenem Weg von Frühen ins Späte wandern; mit einem unabsehbar komplexen Werk wie *Abend mit Goldrand* anzufangen, hätte wenig Sinn. Man muss überhaupt einiges Mitbringen:, Schmidts Bücher lassen sich nicht einfach so mit den Augen vom Blatt greifen wie banale Romane. Literatur-Lesen bedarf der geduldigen Ausbildung: wer sie durchläuft, ohne vor etwas Mühe zu erlahmen, bekommt dann freilich als Lohn kein geringes Vergnügen – und die Bekanntschaft mit dem unstreitig größten Autor der zweiten Jahrhunderthälfte.

Porträtfoto 1977.

Über Karl May

The dark and bloody grounds
Karl Mays Reise in das wirkliche Amerika

Die Amerika-Reise wirkt im Strudel der späten Zeit wie eine Insel, abseits noch einmal idyllisch gelegen, unter schon schiefstehender Herbstsonne; sie hat auch im Bericht gesondert zu erscheinen … Zu eigentlicher Information, zu wirklichen Studien mag sie wohl noch weniger wohl bestimmt gewesen sein als die Orientreise; so hastig rasch sich May zu ihr entschließt, so letztlich ziellos wird sie durchgeführt. Im Buch, das dann aus ihr entsteht, ›Winnetou‹ IV, häuft er die Begründungen wie einen Wall gegen die eigene Unsicherheit: *Gab es da drüben Jemand, etwa einen alten, früheren Gegner, der sich jetzt, in meinen alten Tagen, den Spaß machen wollte, mich zu foppen und zu einer Einfaltsreise nach Amerika zu bewegen?*[1] Die Frage scheint nun klein; in Wirklichkeit liegt May in dauerndem selbstgesprächigen Streit mit sich, welchen Sinn es noch haben könnte, das Land der Indianer – wie einst den Orient – noch einmal anders als mit der Seele zu suchen. Zuletzt ist der Exkurs in die westliche Realität ein Experiment: ob sich die Fluchtbewegungen seiner Gedankenspiele nicht doch auch in der Praxis noch einmal heilsam würden erfahren lassen. Es muss misslingen; – im Buch danach versickert die Realität denn bald auch wieder zwischen den Traumkulissen.

Am 5.9.1898 tritt May mit Klara auf dem ›Großen Kurfürst‹ vom Bremer Lloyd die Reise an; nach 11 Tagen teils bewegter Fahrt kommt am 16.9. im 4 Uhr früh die Freiheitsstatue in Sicht, »die Karl May mit Freude begrüßte«[2] ;

---

[1] Karl May, Ges. Reiseerzählungen Band XXXIII Winnetou IV, 7.
[2] Alle Sekundärzitate aus Klara May, Mit Karl May durch Amerika, Radebeul 1931, oder aus den nachgelassenen Aufzeichnungen Klara Mays (KMV). Klara Mays Erinnerungsberichte sind durchweg von

Klara knipst sie sogleich: endlich ist man frei vom Deadly Deutschen Dust: Liberty enlightening the World; aber die brennende Fackel ist nurmehr schwach zu erkennen … »Es war ein wundervoller Morgen, ohne Nebel stieg die Sonne empor.« Und man ist ganz Tourist wie andere Touristen: »mächtig« werden die ersten Wolkenkratzer empfunden, »imposant« die Brooklynbrücke, »interessant« die großen Schiffe »mit ihren hoch über Deck arbeitenden Balanciers«. May verabschiedet sich rasch von den wenigen Mitreisenden, denen er sich näher angeschlossen hat: Mrs. E.C. Hendrickson, eine reiche Amerikanerin aus Chikago macht später noch in Radebeul Besuch; Professor Stassny und Frau vom Musik-Konservatorium in Boston sollen im Verlauf der Reise besucht werden; mit dem Anwalt Weil aus München schwindet May fürs erste das Heilige Deutsche Recht aus den Augen, wenn auch nicht aus dem Sinn. Neue »liebe Freunde« warten mit Blumen am Pier; »von weither waren die guten Menschen gekommen, die auf Umwegen seine Ankunft erfahren hatten.« Aber er entwindet sich ihnen bald, zu müde noch, um sich von bloßer Schwärmerei schon wieder ermüden zu lassen, und zieht ins Continental, in den Luxus, in die synthetische Stille: ein Tourist wie andere Touristen.

»Er liebte die großen Städte nicht, weshalb wir New York nur als Durchgangsstation benutzten …«, aber darin hat Klara, mit einigen Gründen, ihre Erinnerungen wieder retuschiert: sie bleiben immerhin fast eine Woche, besichtigen die »Hauptsehenswürdigkeiten der Stadt und Umgebung« und machen Visiten. Dr. Ralph Winfred Tower, der Direktor des American Museum of Natural History, führt sie durch »das unglaublich reiche und schöne Museum« und schenkt May zum Abschied eine ganze Reihe Fachwer-

---

geringem Wahrheitsgehalt; vgl. dazu meine Anmerkungen zu: Klara May, Die Lieblingsschriftsteller Karl Mays, in Jb-KMG 1970, 149-155 (152 ff.).

ke über die Indianer[1]: mancherlei kleine Lesefrüchte daraus sind dann in ›Winnetou‹ IV eingegangen.

Am 20.9. besuchen die beiden einen Gottesdienst im »herrlichen weißen Marmortempel der Christian Scientists«, und wenn dort auch weniger Wissenschaft betrieben wird, so findet May doch jene nebulöse Christlichkeit vor, in der seine Metaphysik sich mit den Religionen einig ist ... Sonntag der weißen Nelken: alles ist mit Blumen geschmückt, Altar, Vorleser, Sängerin, alle gläubigen Mitglieder. Den fensterlosen Raum überwölbt eine Glaskuppel; sie stellt eine riesige, leuchtende Sonne dar, »in der das eine Wort ›Love‹ glüht«. Und May sitzt tief ergriffen darunter; die elektrischen Effekte stören ihn nicht: »Viel feines Empfinden muss die Schöpfer dieses Tempels beseelt haben«; später berichtet er noch oft von dem Erlebnis; ›Love‹ heißt fortan der Leitstern der immer müderen Spätjahre; – im ›Passiflorenraum‹ von ›Winnetou‹ IV kommt die Stimmung des Blumentempels herauf.

Anschließend geht es mit dem Dampfer ›New York‹ den Hudson aufwärts nach Albany. Die Fahrt dauert neun Stunden; ein »schwimmender Palast«; der Balkon des Luxuszimmers geht auf den Fluss hinaus und lässt »die herrliche Landschaft genießen«: die Catskill Mountains, wo sich einst Gancagaonos und Mohegans erbittert bekämpften. Abends in Albany treffen die Mays wieder »Freunde«, mit denen sie einen Abend zusammenbleiben (Klara hat freilich diese häufigen alten Bekanntschaften ein bisschen sehr in den Vordergrund gerückt; die Gründe liegen auf der Hand). Zwei Tage bleiben sie da, und Klara fotografiert im Washington Park den »interessanten« Moses, eins der Modelle für das Monumentalstandbild im Buch. Dann wird

---

[1] Vgl. das (mangelhafte) Verzeichnis von Karl Mays Bibliothek in KMJB 1931, 212-291. Mays handgeschriebener Bibliothekskatalog (der eher ein Sachregister zu seinen Bücherbeständen darstellt) ist inzwischen faksimiliert als Supplementband der Historisch-kritischen Ausgabe erschienen, Bargfeld 1995.

ein Abstecher nach Pittsfield gemacht, wo Longfellow lebte, zu dessen Poesie May Verwandtschaft fühlt: im Appleton House, somewhat back from the village street, wurde das Gedicht ›Old Clock on the Stairs‹ geschrieben: da steht das ancient time-piece in the hall, und May hört in müder Ergriffenheit die Zeit vorüberschlagen; Longfellow hat keinen geringen Einfluss auf den Alterston des letzten Amerika-Buches genommen; die Schwermut der späten Landschaften hat bei ihm eine Quelle: – über die einstige Realität des einstigen Wilden Westens ist die Zeit auch längst hinweg; vergeblich zuletzt, sie noch einmal heraufrufen zu wollen; nichts davon ist wiederbringlich: for ever – never! Never – for ever …

In den Berkshire Hills sind die Farmen verfallen: Wilder Wein wächst in den Nussbäumen hoch, Pfirsiche stehen im Laubholz; die Obstfelder, zu weit entlegen von den Verkehrsadern, verwildern. Mit der Kutsche geht es durch die einsamen Wälder zum Mount Lebanon, wo wiederum »alte Bekannte« aus der Heimat wohnen, in einer Siedlung der Shaker-Sekte: Bruder Otto und Schwester Rosalia Thümmel schreiben später noch Briefe nach Radebeul, an die »lieben Menschenfreunde«, die bei ihnen *wieder einmal bei Menschen sind* … May ist sehr still auf diesen Fahrten, und Klara stört ihn nicht – weniger wohl, weil sie ermessen könnte, womit er fertig zu werden hat bei jedem Anblick dieser Wirklichkeit, als vielmehr aus jener ehrerbietigen Scheu vor seinen Gedanken heraus, deren sie sich später ausführlich rühmt. Er selber stellt bald ›das Grübeln‹ ein und lässt den Herrgott Professor sein (nach jener Weise, die das Gedicht im ›Mir‹ beschrieben hat): *Die große gewaltige Natur stimmt mich ernst und feierlich. Das Land muss ein Tempel Gottes gewesen sein, als es noch nicht von der Kultur berührt war, die wir ihm brachten. Kinderseelen beteten hier im Geiste eines Winnetou. Von diesen Gebeten blieb nichts erhalten. Nur ahnen kann man den Inhalt, den sie hatten ...*[1]

Auf breiten Chaussee-Straßen geht es nach Buffalo zu kurzem Aufenthalt. Auf dem Forest Lawn Cemetery ruhen die Überreste des Seneca-(Senontowana-)Häuptlings Sa-go-ye-wat-ha (›Er-hält-sie-wach‹) und seiner Angehörigen; 1890 hat sie die Buffalo Historical Society umgebettet und ihm ein Denkmal errichtet. Der bedeutende Indianer (1752-1830), ein kluger Diplomat, der sehr früh die endliche Überlegenheit der Weißen erkannte und mit zähen Friedensverhandlungen das Überleben seines Volkes zu sichern suchte, um am Ende doch nur einsam und verbittert im Alkohol zu enden; ein bedingungsloser Pazifist; ein bedeutender Redner: beeindruckt May tief und gibt für die Revision des Winnetou-Bildes, mit der jetzt dauernd beschäftigt ist, ein entscheidendes Modell; die Schlussworte der letzten Volksrede Sa-go-ye-wat-ha's, die auf dem Sockel des Denkmals stehen, rühren ihn an: »When I am gone and my warnings are no longer heeded, the craft and the avarice of the white man will prevail. My heart fails me when I think of my people, so soon to be scattered and forgotten ...«

Vom Clifton House auf der kanadischen Seite der Niagara-Fälle, wo sich Mays nun niederlassen, wird auch noch ein Ausflug an den Seneca-See gemacht: dort hat das »Volk des großen Hügels« noch 1850 geherrscht; jetzt ist es in den paar kleinen Reservationen auf kaum über 3000 Köpfe zusammengeschmolzen – (die Eindrücke sind im Buch dann auf den Kanubi-See überschrieben[2]). Im übrigen aber umgibt sich May mit aller Distanz des Touristenluxus; ratloser von Tag zu Tag, fremd in seinem ureigensten Land, verzichtet er auf alle etwaigen Pläne, sein eigentliches Amerika noch zu bereisen, und zieht sich in die be-

---

[1] May, Zettelnotiz, Clifton House am Niagara (KMV).
[2] May, Ges. Reiseerzählungen Band XXXIII Winnetou IV, 154.

schauliche Sesshaftigkeit zurück; und »die große schöne Natur Amerikas beruhigt und stärkt die Nerven …« Einmal wird ein Ausflug in die Reservation der Tuscarora-Indianer unternommen; kaum 400 Menschen sind von dem einst mächtigen Irokesen-Stamm noch übriggeblieben, ärmlich hausen sie in Rindenzelten. Mit dem Häuptling zusammen lässt sich May rasch fotografieren; Hitze und Dunst liegen grau über dem Mittag und verleiden jeden längeren Aufenthalt: meilenweit tobt einer der häufigen Waldbrände. Über den Ontario-See geht ein Trip nach Toronto; – aber der Besuch von Detroit und Montreal schon gehört unter die mehreren Fabeln, die Klara später um die Reise spann. Wie auch ihre geheimnisvolle Mitteilung, dass May sie dann plötzlich verlassen habe, um in den Wildesten Westen abzureisen, nach Colorado, New Mexiko und Arizona (gar auch schnell noch durch den Yellowstone-Park), durchaus nur fabelhaft ist, ein conte drôlatique. Von »einigen Wochen« kann schon gar nicht die Rede sein; aber auch der einzige ›offene‹ Zeitraum (zwischen dem 29.9, wo May noch im Clifton House weilt, und der Ankunft im Lawrence am 5.10.) reichte beim damaligen Tempo der Union Pacific kaum für Hin-und Rückreise. Die Briefe, die May laut Klara zu mehrfachen Malen von unterwegs geschrieben haben soll, hat nie ein sterbliches Auge erblickt; keine einzige Karte ist aus den genannten Gegenden an die süchtig harrenden Verehrer gegangen; und zweifelsfrei ›wahr‹ ist von all den bunten ›Erinnerungen‹ zuletzt nur das künstlich verschämte Bekenntnis, dass auch sie schließlich »Wirklichkeit und Phantasie nicht mehr genügend zu trennen« gewusst habe.

Um das Monatsende gehen die Postkarten geschwaderweise nach Deutschland; die von Klara ausdauernd belichteten Platten geben die Vorlage: Karl May an den Niagara-Fällen, Karl May bei den Tuscarora-Indianern, Karl May auf dem Friedhof in Buffalo, und so fort. Er kennt, aus böser Erfahrung, nur zu gut den Wert des schwarzaufweißen Beweisens; auch ist er sich des Reklamegewichts seiner Reise bewusst: – so spart er nicht mit den Annoncen, vom *Herzensgruß* bis zur signierten, stempel-vervielfachten Maschineninformation. In Lawrence, Massachusetts, lebt – neben zahlreichen anderen ehemaligen Auswanderern aus Hohenstein-Ernstthal – der Doktor Ferdinand Pfefferkorn (1841-1916); und er lebt dort »wie ein kleiner Fürst«, hat eigenes Haus, Garten, Diener, Pferde – sogar ein Automobil, mit dem nun verschiedentlich gemeinsame Ausflüge unternommen werden: so zum Canobie Lake, unweit von Lawrence, gleich hinter der Staatsgrenze in New Hampshire, und zum Den Rock, dem sagenhaften Nugget Hill der Indianer. Von Manchester aus wird eine der Devil's Pulpits besucht – da ist die Landschaft wieder dicht vom Rauch verhängt: Waldbrände so weit das Auge reicht – (doch solche Erscheinungen bleiben im Buch beiseite). An der Salisbury Beach treten die vier alten Leute, Mays und Pfefferkorns, wieder vor das Objektiv; May kühn ein Ruder in der Hand – oder auch alle vier unternehmend in einem Boot – auf dem Trockenen: die Attitüden abenteuerlichen Reisens verrunzeln sich zu ironischen Chiffren.

Nach Andover zieht May die Erinnerung an Harriet Beecher-Stowe: dort, in Phillips Inn, jetzt zum Teil ein Gasthaus, hat sie bis zu ihrem Tode 1894 gewohnt. Und wenn er sich mit dem Problem der amerikanischen Neger auch nie ernstlich beschäftigt hat, so fühlt er doch Verwandtschaft: *Die Form, in die sie ihre Gedanken goss, stand nicht künstlerisch hoch; doch darauf kommt es nicht an: der kostbare Inhalt, das edle Wollen ist die Hauptsache und der unendliche Segen, der daraus erwächst. Wieviel Leid hat sie gelindert! Was nützt die schönste Form, das kostbarste Gefäß, wenn es nur schale Alltäglichkeit fasst? Ihre Gaben bargen unendliche Güte, von tiefer Menschenliebe durchleuchtet ... Tausende segnen ihr*

Andenken.[1] Das klingt wie eine Rede in eigner Sache; einmal, wie selten, wird der Schlag seines eigenen künstlerischen Gewissens hörbar. Auf dem Friedhof steht er, »tief bewegt« ans Steinkreuz gelehnt, schreibt etwas auf, steckt das Blatt in den Efeu am Hügel und legt dafür ein Efeublatt in sein Notizbuch: Verkehr der Geister und Seelen. »Er war wie ein Schlafwandler«, und Klara fragt ihn denn auch vergebens: *Im Gedicht sprach ich mit ihr; was ich schrieb, war nur für sie ...*

In Lawrence beschäftigt sich May bereits mit ersten flüchtigen Planungen des neuen Buches, dem die Reise gedient haben soll. Er hat es schnell aufgegeben, die Indianer wirklich ›zu studieren‹; sie sind ihm fremd, ein ›Hauch ihres Geistes‹ genügt ihm; – aber umso beharrlicher trägt er sich eine neue Theorie, eine neue ›Aufgabe‹ zusammen: den *Nachweis des langsamen, aber sicheren Entstehens einer neuen germanisch-indianischen Rasse jenseits des Atlantic, deren Prototyp Winnetou ist ... Der Yankee ist unfähig, eine herrschende Rasse für Amerika zu zeugen, und doch hat diese Rasse dort unbedingt zu erscheinen, um die großen menschlichen Aufgaben wieder aufzuheben, welche Europa vielleicht zu Boden fallen lässt ...*[2] Aber seine Ruhe wird bereits wieder gestört: in Dresden schwebt die Voruntersuchung wegen Meineids immer noch; Chicago hat am 14.10 ans Sächsische Justizministerium den ganzen Vorgang ›Doktor-Diplom‹ ausgeliefert; in Berlin zieht die – noch zu besprechende – Kahl-Lebius-Sache weitere Kreise (und die Namen der beiden scheinen ebenfalls dann in den IV. ›Winnetou‹ eingegangen zu sein: Friedrich Kahl in Hariman F. und in Sebulon L. ein nebulöser Rudolf Lebius): May telegrafiert in alter Atemlosigkeit am 16.10. etwas ans Königli-

---

[1] Klara May, Am Grabe Beecher Stowes (sic!), in: KMJB 1924, 162-165 (163).
[2] May, Aphorismen über Karl May, ungedrucktes Manuskript (KMV).

che Kammergericht und die Anwälte Bahn und Bertram in Berlin; – seine Ruhe ist dahin.

In Lawrence hält er am 18.10. einen Vortrag: *Drei Menschheitsfragen: Wer sind wir? Woher kommen wir? Wohin gehen wir?* Die von Pfefferkorn arrangierte Veranstaltung in der überfüllten Turnhalle wird eine »grandiose Huldigung«: fünf Gesangvereine der Stadt singen unisono. ›Das ist der Tag des Herrn‹; die Menschenansammlung »war so arg, dass die Straßenbahn nicht weiterkonnte«. May trägt diesmal eine ausgesprochen historische Predigt vor: *Wir sind Missionare der Humanität und gehen der Bildung eines neuen Staates entgegen, welcher der erste wahre und wirkliche Geistesstaat ist, den es auf Erden giebt.* Und nicht ungern vernehmen die Zuhörer, wie zuletzt nur *der Deutsche eine Volksseele* habe und eben jetzt im Begriff stehe, *vom Selbstbewusstsein zum Gottesbewusstsein überzugehen.* Zwar fallen May zum Stichwort *Geschichte der Deutschen* dann Philister und Kaffern ein (»Der Redner entrollte das unerfreuliche Bild dieser Geschichte«, vermerken die beiden deutschen Zeitungen in Lawrence, die ellenlange Berichte über den Vortrag bringen[1]), doch schlüpft er bald schon in manifestes Hymnisieren: *Deutschland erhob sich* (unter Bismarck) *zum wirklichen Machtstaat und beeilte sich gleichzeitig – seiner innersten Wesensart entsprechend –, die ersten Grundsteine zum Staat der Humanität zu legen.* Die Thema-Fragen beantwortet er wie zu erwarten: 1) *Ein werdender Geist, der umso menschlicher denkt und handelt, je mehr er sich der göttlichen Liebe wieder nähert*; 2) *Von Gott*; 3) *Zu Gott zurück.* Er kommt in diesem Zusammenhang auf das zu re-

---

[1] ›Anzeiger und Post‹ und ›Der Deutsche Herold‹ vom 19.10.1908; einzige, naheliegend trübe Quelle; längere Auszüge aus den Berichten in Ges. Werke Bd. 34 »Ich«, Radebeul 1931-1942, 225-232. Manuskriptfragment zum Vortrag im KMV. Ausführliche Darstellung des Vortrags inzwischen bei: Dieter Sudhoff, Karl May in Amerika, in Ges. Werke Bd. 82 In fernen Zonen, Bamberg/Radebeul 1999, 370-384.

den, was er *die Psychologie der Zukunft* nennt, und trägt sein wunderliches Droschkengleichnis vor.[1] Dann hört die Gemeinde noch, dass *die germanische Rasse hier in Amerika an der Spitze der Bestrebung* stehe, den Staat *der Gewalt in den Staat der Humanität zu verwandeln,* und »unter der rauschenden Huldigung der Anwesenden« überreicht ihm der Councilman Grunwald »im Namen des Turnvereins und des Deutschtums von Lawrence« ein goldenes Bundesabzeichen …

Praktisch ist die Reise zu Ende. Was May in Lawrence noch erlebt, ist ein transformiertes Radebeul: häusliche Gemütlichkeit bei Pfefferkorns, müde Erinnerungen, Gespräche, Spiritismen. Über Boston geht es dann nach New York zurück und von dort mit der ›Kronprinzessin Cecilie‹ nach England, wo die beiden noch einen Nachurlaub planen. In der ersten Dezember-Woche sind sie endgültig wieder daheim.[2]

---

[1] Erstdruck bei Heinrich Wagner, Karl May und seine Werke, Passau 1907, 38-39; später zitiert bei E.A. Schmid. Das ›Ich‹, in: Ges. Werke Bd. 34 »Ich«, Radebeul und Bamberg, Anhang.

[2] Das Rückreise-Datum war durch die Legenden Klara Mays, die der Reise eine größere Länge zu geben wünschte, lange entstellt: »Kurz vor Weihnachten 1908, am 20. Dezember, war May wieder daheim.« (E.A. Schmid, Karl May's Tod und Nachlass – Weltreisen, in: Ges. Werke Bd. 34 »Ich«, Radebeul und Bamberg, Anhang). Zur Kritik dazu: Hans Wollschläger, »Weltreisen« – Glanz und Elend einer biographischen Legende, in: ders. Karl May, Dresden 1990. Nach heutigem Forschungsstand verließ May New York am 27. Oktober 1908, kam am 2. November in Plymouth an und war am 3. oder 4. November wieder in Radebeul. Allerdings fuhr er mit Klara um den 28. November dann noch einmal nach London, wahrscheinlich um von dort die Amerika-Postkarten zu versenden und seinen Aufenthalt in den Staaten um einen vollen Monat verlängert erscheinen zu lassen; endgültig wieder in Radebeul war er am 7. Dezember. – Ausführlich und erschöpfend über Mays Amerika-Reise inzwischen: Dieter Sudhoff, Karl May in Amerika, in: Ges. Werke Bd. 82 In fernen Zonen, Bamberg/Radebeul 1999, 233-427.

Licht ist meine Lieblingsfarbe
oder
Die Kunst des Essayisten

Wo warst du, Heinrich?
Heinrich Bölls Kriegsbriefe

Die Anfänge ähneln sich wie ein Politiker dem andern, d.h.
sie sind scheinbar grundverschieden. Überwältigend gemeinsam haben sie nur, dass in ihrem Zentrum ein Attentat auf die Gesittung steht – ein echtes manchmal, das den
ganzen Abscheu der Welt erregt (wie das von Sarajewo),
manchmal ein gefälschtes, das den ganzen Abscheu der
Welt nur erregen soll (wie das auf den Sender Gleiwitz) –
und dass sie mit dem Ende aller Gesittung enden: dem
Krieg.
Hitlers Krieg, für die heute-junge Generation längst in
Grauer Vorzeit gelegen, unerlebt, kaum noch auszumachen
hinter dem Dunst der jeweils aktuellen Dummdreistereien,
ist das Paradigma ›Krieg‹ überhaupt, ›der Krieg‹ schlechthin, die Summe aller Kriege vordem, zu der sich selbst die
großen amerikanischen Expeditionen seither nur wie erfüllte Schulaufgaben verhalten. Seine immer neue Beschreibung bleibt nötig, damit er lehrreich bleibt und nicht in
den Ruhestand gerät, wo er übertreffbar werden könnte
von einem Nachfolger. Wer ihn noch erlebt – und überlebt
– hat, betrachtet mit Argusaugen nichts so sehr wie das, was
über ihn geschrieben wird – und aus seinem Erlebnis heraus über den Krieg schlechthin.
Dass er dies sei zum Beispiel –: *das Abenteuer, das unsere
Gesichter alt macht, unsere Herzen müde macht, unsere Haare
schwinden lässt und uns zu ewig schmutzigen Gestalten macht,
die kein normales Leben mehr kennen …: der Mörder aller
Dinge …: ein endloser Wahnsinn …* Heinrich Böll, bewie-
sener Zeitzeuge aus dem grauen Vorigen Jahrhundert war

24 Jahre alt, als er das – und endlos viel Ähnliches – zu Papier brachte: Er hat den ganzen über den Jahrhunderten stehenden Krieg ›mitgemacht‹, wie man das so nennt, endlos von Anfang bis Ende, neuzehnhundertneununddreißig bis neuzehnhundertfünfundvierzig, vom 22. bis zum 27. Jahr, hineingezwungen von dem, was bei Karl Kraus *eine Naturinsulte* heißt, der Allgemeinen Wehrpflicht, die ja nicht die bloße Pflicht ist, sich zu wehren, sondern die vermaledeite Nötigung, in Wehr und Waffen zu gehen und zu denken, und damit die Annihilierung dessen, was ein Mensch an Selbstentwicklung mühsam genug zuwege gebracht hat, und er blieb, ›der Krieg‹, das *unendlich traurige Geschehen*, sein Feindbild lebenslang: *unfassbar, dass man einfach jahrelang getrennt sein soll, dass das Natürlich einfach nicht berücksichtigt wird, dass Tausende vergewaltigt, verdorben und ermordet werden …*

Dabei hat er das Schlimmste gar nicht sehen müssen, vielmehr ausgemachtes ›Glück‹ gehabt, wie man das so nennt – wie das Entkommen sogar die nennen, die das Soldatenleben selbst für eine Glücksform halten und die Stahlgewitter für eine Charakterschmiede: die wirkliche ›Feuertaufe‹ kam erst spät, wenn auch dann so widerwärtig wie nur denkbar, und den größten Teil der Zeit hat er im Hinterland verbracht; verwundet war er viermal, aber jenseits der Schmerzen nicht schwer. Er hat das Schlimmste, lässt sich jedenfalls hoffen, wirklich gar nicht sehen müssen: Nicht die Verbrechen der Wehrmacht sind gemeint, sondern das Verbrechen Wehrmacht selber ist's, wenn er inmitten des grauen Dunsts der Wachstuben, der dröhnenden Schnauzereien, der Zoterei, der Grölerei, der Gewaltmärsche, der Exerzierwut, der Steinzeitnahen Unterbringung, des ewigen Schmutzes, der Fliegen-Flöhe-Wanzen-Läuse *vom Soldatenhandwerk* schreibt, das er *hasse bis zum völligen Überdruss …*

Dass er dies sei zum Beispiel: *das verkörperte Grauen … die größte Prüfung, die einem auferlegt werden kann … eine Welt*

*von Schweinen … die scheußlichste Einrichtung in der Welt
… mir absolut wesensfremd … diese Atmosphäre, die mein
Herz stillstehen lässt, meine Phantasien tötet und meinen Geist
stumpf macht … dieses maßlose Elend … ein qualvolles Dasein … eine unüberwindliche Last … eine ganze Welt allmor-
gendlichen Entsetzens … mit andauernden Demütigungen vor
allen und in allem … diese Knechtschaft … diese unerträgli-
chen Fesseln … den ganzen Tag eine blödsinnige Brüllerei und
Hetzerei … dieses Totenleben hier … ein stumpfsinniges und
graues Jammerdasein … die absolute Heimatlosigkeit und
Unmenschlichkeit … so unendlich trostlos, dass es einfach nur
Gottes Güte sein kann, wenn man nach drei Jahren nicht
verrückt ist …: Die Kaserne ist das absolute Institut des
Stumpfsinns.* Man ist dem selbst in seinen Schwächen immer kerzengerade aufrecht gehenden Mann schuldig, ohne
Umschweife beim Namen zu nennen, was er beim Namen
nennt: es geht, in unerschöpflicher Fülle, so fort bis zur
erschöpfenden Summenformel, *dass das Soldatenleben eine
große Scheiße ist.*

Heinrich Bölls ›Briefe aus dem Krieg‹ sind just eben erschienen, und es muss nicht erläutert werden, warum man
just eben auf ihre Botschaft gewartet hat wie ehedem. Tut
man ihm Unrecht, wenn man bekennt, dass die Neugier
auf ein neues persönliches Wort von ihm, und sei's nur zu
einer Quisquilie des Tags, immer größer war als die auf
einen neuen Roman? Das hätte man diesem grandiosen
Zeitgenossen, diesem verehrungs- und liebenswürdigen
Kollegen, diesem unendlich freundlichen und fühlfähigen
Mitmenschen natürlich nie gesagt, dem – wie vor ihm
Thomas Mann – die Rolle zugefallen war, den ›deutschen
Geist‹ gegen eine deutsche Epoche zu vertreten, und der
sich wie Thomas Mann dabei hochängstlich fühlte. Seine
Tapferkeit vor dem Feind ist unvergesslich; er riskierte
sogar, für naiv gehalten zu werden und für unrealistisch in
der Unbedingtheit seiner Menschlichen Mission. Diese
Mission sieht man heranwachsen in diesen Briefen, und

wer da meint, sie sei halt nur Charakteranlage, pure Wiedergabe, der kann sehen, wie mühsam sie heranwächst und gegen wie viele Widerstände.

Denn er ist noch längst nicht, was er dann später geworden ist. Zu Anfang kann er sich selber noch mit aufgedrillten Phrasen ins Wort fallen: *Wir stehen jeden Morgen um 4.45 Uhr auf, aber diese Härte hat viel für sich: Man legt den Zivilisten ab, er wird wirklich kaputtgemacht. Man wird – nicht gerade stumpfsinnig – aber 300 Prozent kalt und gleichgültig, und völlig interesselos. Mir persönlich wäre es jederzeit völlig gleichgültig, ja manchmal sogar willkommen, wenn ich von irgendwem oder irgendwoher plötzlich unerwartet ›kaltgemacht‹ würde. Aber die Erziehung zu diesem Standpunkt ist die richtige Vorbereitung für einen Krieg, und das ist ja der Sinn unserer Ausbildung.* Pervitin hält ihn wach, Nikotin bei Verstand; Alkohol macht die Lebensschneide ein bisschen stumpfer. Der eigentliche Krieg ist da aber noch weit weg; nur *manchmal hört man ein fernes Donnern;* es ist noch die Zeit, wo die Flieger bloß *belästigen.* Aber gerade deswegen sieht er – und das ist ganz erstaunlich bei einem Anfangzwanzigjährigen – das Eigentliche, und sein Verstand wehrt den Anfängen. Die Große Scheiße ist so groß, dass er in Kürze die Ruhr bekommt: als psychosomatisches Abzeichen zugleich das Wahrheitssiegel auf den vielen Empfindungswörtern, mit denen er sich zu fassen sucht. Es ist 4.45 Uhr auch in seiner Person, und bei so widernatürlich frühem Gewecktwerden dauert es geraume Zeit, bis der Schlaf aus den Augen ist; aber er ist es dann auch um so gründlicher.

Im Buch reicht die geraume Zeit über mehr als 200 Seiten, und man muss als Leser allerlei Ausdauer bereithalten, um nicht zu kapitulieren auf dem langen Anmarsch. Zumal ja auch ›nichts passiert‹; die Erwartung eines, gar ›spannenden‹, Kriegsfilms in Worten wird, heilsame Lehre, zurückgewiesen. Und wer nicht die fast lautlosen Vorgänge der Entwicklung mitzulesen versteht, sieht seinen Geduldsfaden immer wieder reißgefährdet, auch wenn er nicht in Gefahr ist, in der oft befremdlichen Wehleidigkeit das wirkliche Leiden zu überhören. Ist er nicht doch, gelegentlich wenigstens, bloß ein Eingebildeter Kranker, mit einem allzu dramatischen Selbstverständnis, wenn er *von den unsagbaren Qualen und Schwächen der langen Monate meines uniformierten Lebens* redet? *Gott wird nicht zulassen, dass ich völlig entkräftet werde im Geiste, dass ich völlig unfruchtbar noch lange sinnlos umherlaufe, von Qualen erschöpft und von Schmerz zerrüttet. Er wird nicht zulassen, dass meine ganze reale Sehnsucht nach den Dingen des Geistes stirbt.* Pathos verleidet einem nicht selten den Blick auf sein wirkliches Leiden, das in solchen Sätzen nach Ausdruck ringt; das überbordende Selbstmitleid lässt manchmal doch unwirsch darauf warten, dass endlich der aufrechte Gang probiert werde. Freilich, die Mitleid mit sich selber nicht haben, haben es vielleicht auch mit Anderen nicht? –: hat er's denn auch mit Andern? Sogar dies hat der geduldige Leser zu verarbeiten: dass dieser so menschliche Mensch immer wieder durch kleine, wie auch verborgene, Rohheiten erschreckt, und manchmal sogar durch große, und dass der Text sich dann manchmal anhört wie ein tönendes Erz und wie eine klingende Schelle.

Die Hölle, das sind die Andern: alias dieses *widerliche kleine und kleinste und schmierigste Gesindel ... die eintönigen Gesellen mit ihrem blöden Geschwätz ...: Mit ein paar unbedachten, blöden Worten verraten und verkaufen sie ihre Frauen, ihre Kinder, alles Glück und allen Glanz ihres Lebens lassen sie schal werden im seichten Gewässer ihre Geredes.* Die Kameraden also, und das alles ist ja wahr; aber ›im Leben‹, dem wahren, ist es ganz allgemein nicht anders – nur mit der Chance, vielleicht eher seinesähnlichen kennenzulernen, und der Möglichkeit, das Gesindel aus dem eigenen Kreis herauszuhalten; – man müsste darüber nicht dramatisch werden. Von Anfang an kollidiert und karamboliert er mit den Spießen, mit dem *litzentragenden Gesindel* überhaupt; ja, die ganze Menschheit umsteht sein Ego-Zentrum wie ein Albtraum, und die Panik erzeugt schließlich eine Form des Nächstenhasses, die den Blick auf die Welt schwer behindert. Man muss ihn sich wohl wirklich so hochmütig vorstellen, wie er sich in seinen Urteilen gibt, mit ihm zugleich im Unglück darüber verbündet, dass sie ja die Reine Wahrheit sind. Nur dass sich in seiner Dauer-Misere beim Leser durchaus die unschöne Erfahrung bewährt, dass auch Leidende irgendwann einfach lästig werden, wenn sie so unermüdlich über das Unabänderliche klagen. Alle Vokabeln des Grauens werden aufgebraucht, um ein Schicksal zu umschreiben – und die Einzigartigkeit dessen, den es geschlagen hat und der ihm das stolze Bewusstsein entgegenhält, *dass ich geboren bin zu einem anderen Leben.* Ist es dies andere Leben, was er so oftmals schroff zu verwahren und zu schützen sucht? Sein Hochmut sei *vielleicht nur ein notwendiger Panzer,* vermutet er selber: *Gott helfe uns, dass wir ihn nie verlieren.*

Ce grand malheur de ne pourvoir être seul … Auch das bleibt ja wahr: das Nicht-allein-sein-können ist, im schillernden Doppelsinn, die Qual an sich und bringt das eigentliche Allein-Sein: *dass wir uns Tag und Nacht in der Gesellschaft von Wesen befinden müssen, mit denen kein menschliches Wort zu reden ist.* Sein Leiden ist nicht nur die Isolation des sensiblen Intellektuellen, und ganz langsam erst lernt er, wenn nicht die Nächsten-Liebe, so doch das mitleidende Verständnis für die allzu nahen Andern; ganz langsam lernt er die Fähigkeit, menschliche Worte zu reden, als Privileg der Natur erkennen und hört aus dem, *was die armen Kerle mir im Suff alles erzählt haben, wie sehr sie doch im Grunde genommen leiden unter diesem Dasein …: Alles ist doch irgendwie gepackt von dem wahnsinnigen Grauen der Kaserne.* Erst im letzten Kriegsjahr, so lange dauert es, versteht er, *vernünftige Kameraden* wahrzunehmen, sogar *sehr nette Leute, mit denen man reden kann.*

Die Briefe haben zwei Adressaten: die Familie, d.h. Eltern und Geschwister, und Annemarie Cech, ab März 1942 seine Frau. Gegenüber der Familie bewegt sich der Bericht im Unbedeutend-Allgemeinen, gibt er sich hemdsärmelig, ironisch, souverän, verschonend. *Was schreibt der deutsche Soldat nach Hause? Dass er sich unsagbar glücklich fühlt, dienen zu dürfen an diesem großen Werk, das Europa ein anderes Gesicht geben wird. Dass die Stimmung fabelhaft, das Essen reichlich und schmackhaft und die Löhnung bezaubernd ist. Das schreibt der deutsche Soldat nach Hause.* Erst gegenüber der geliebten Frau geht dem Schreiber das Herz auf, und wäre sie nicht gewesen, so wären seine ›Briefe aus dem Krieg‹ wohl schwerlich des längeren Aufhebens wert geworden. Über die Unterschiede ließe sich vieles sagen; der Unterschied selbst ist es, der von der Zusammenfügung markiert wird. Als die Frau auftaucht, nach über hundert Seiten, geht ein Ruck durch den Text: auf einmal werden die Briefe leidenschaftlich und die Weltbilder mit. Da erst lernt man den kennen, den später die Bücher bekannt machen und um dessen willen man vorn angefangen hat; man ist gern einverstanden, dass Eltern und Geschwister nun kaum noch etwas abbekommen. Bedauerlich könnte sein, dass Annemarie Bölls Gegenbriefe fehlen, läse sich das ganze Briefwerk nicht auf eine eigenartige Weise dialogisch: die Adressatin ist so gegenwärtig, als spräche sie mit; sie ist selber ja die Antwort auf das Verlangen nach *dem einzigen Menschen, mit dem man reden könnte*, und die Rede der Briefe verdankt sich ihr, durch die er wirklich allein nie war.

Auch ihr erzählt er gewiss nicht ›alles‹; er erspart ihr viel von dem, was ihm selber nicht erspart blieb: *Du musst dir keine Angst machen wegen des Flammenwerfers*, an dem er ausgebildet worden war, *das ist eine ganz harmlose Sache, die mir vielleicht sogar zu einem ruhigen Pöstchen verhilft.* Vielleicht erspart er ihr auch noch anderes? Nein, das ist leider kaum anzunehmen; das wäre, im Vergleich zur harmlosen

Sache Flammenwerfer doch viel zu schlimm, als dass er die *sehr junge, pechschwarze, höllisch hübsche kleine Französin,* die sich ihm *lautlos wie eine Katze* nähert (*gesellte,* sagt er wörtlich), als dass er ... nein, er reagiert mit *finsteren Blicken,* die sie *mit einem unbeschreiblichen Lächeln* aushält; er hält ihr *große Vorlesungen über Deutschland,* muss aber doch zweifeln, ob ihre Augen *aus politischem Interesse* auf ihn gerichtet sind, und schildert sich als *traurig,* wenn er da *allzu dumm gewesen* sein sollte: *Ob ich es unter solchen Umständen wagen soll, so wie ich plante, noch einmal Sonntagsurlaub nach Tréport zu nehmen, noch einmal in den weichen Betten der Kommandantur zu schlafen und Jacquelines ›Omelette souflée‹ zu essen?* Der sich da ausplaudernde Untertext dieser mehrseitigen Geschichte von der *Hexe* Jacqueline ist herzzerbrechend komisch; vielleicht ist er – *ja, vielleicht bin ich wirklich eine allzu anachronistische Erscheinung,* meint er, und jedenfalls wird er *irrsinnig müde* nach dieser Erzählung.

Heinrich Bölls Frauenbild ist ziemlich haarsträubend; es steht in Reih und Glied mit den schiefen Gestalten, in denen die Welt – und ersichtlich bedrohlich – auf ihn zukam. Die ›Volksdeutschen‹, die Polen, die Ausländer allesamt, die besiegten, werden in seinen Vokabeln oft auch als Besiegte behandelt, *die moderne Menschheit* überhaupt: *Sonderbar, dass aus diesen flachen Seelen etwas so Gewaltiges wie der Krieg wachsen kann.* Wenn das vom Feuer-und-Blut-Prediger Jünger geprägt ist, dann der Blick auf die Frauen von der Sitte-und-Sünde-Predigt der Kirche (die damit verwandt ist). Sünderinnen sind sie alle, und er zerbricht sich kompliziert den Kopf über das, was sie *verloren* sein lässt. *Diese lachenden, dämlichen Weiber, die unser elendes Quartier besichtigen ... ich könnte sie mit meinem Hass verschlingen*: da sind noch die deutschen Frauen gemeint. Eine Badende dann, vermutlich, nein *sicher ein schlechtes Mädchen, ganz gewiss, eine kleine Dirne*: das ist eine Französin, und ein strafender Blick geht zu den Kameraden, die mit dem Fernglas voyieren. Die Frauen, wie sollte's anders sein, machen ihm schwer zu schaffen, und seine Wörter fangen an zu wabern: *Ich glaube, es wäre sehr hochmütig, wenn ich behaupten wollte, mich ungefährdet zu glauben, aber ich glaube, gegen die Koketterie sämtlicher hübscher Französinnen bin ich gefeit*: – ein Jammer, dass er's offenbar war; seine Entwicklung, die so mühsame, hätte sonst vielleicht etwas mehr Tempo bekommen.

Politische Urteile daneben, Einschätzungen der ›Lage‹? Nur wenige seiner vielen Wörter hat er dazu bereit: das ›Führer‹ kommt praktisch nur einmal vor, das ›Hitler‹ nur zweimal; es ist fast, als würden die Konkreta der historischen Entwicklungsläufe geradezu gemieden zugunsten der persönlichen –: sind diese die Eigentliche Geschichte? Sie werden es auf eine ganz unheimliche Weise. Stalingrad: *wirklich entsetzlich traurig*; die Geschichte in Tunis: *wahnsinnig traurig*; Italiens Kapitulation: *alle sehr niedergeschlagen*; die Invasion: *große Erregung und Erwartung*; der 20. Juli: *unbeschreibliche Erregung*: Mehr nicht; einmal nur wird über *Sterilisation und ›Irrenmord‹ und ähnliche Dinge* gesprochen –: sind die *ähnlichen Dinge* die Juden? Sie kommen verbatim nicht vor. Dem Wunsch, man möchte doch irgendwann auf, wie auch ungeschliffene, Zeitanalysen stoßen, auf sichere Bestimmungen, antwortet natürlich sofort die Überlegung, dass das so, wie man sich's wünschte, in zensurbedrohten Feldpostbriefen wohl kaum stehen dürfte. Aber er riskiert immer viel, fast leichtsinnig gegenüber dem, was ihm hätte blühen können: bei der Goebbels-Rede mitten im Untergang Stalingrads beklagt er deutlich genug *dieses süße, scheußliche Geschwätz … Es ist ganz entsetzlich, aus dem Munde dieses Mannes Verse von Hölderlin zu hören.* Und noch kurz vor dem Attentat gab er zu lesen: *Einmal müssen wir doch von diesen Verbrechern erlöst werden.* Vieles mag des Zensors wegen ungeschrieben geblieben sein, vieles für den Zensor geschrieben; verdeckt bleibt jedenfalls, was von ihm gedacht wurde hinter der eigentlichen Geschichte.

Dachte er wirklich, *wir werden den Krieg gewinnen? Aber ich möchte, dass Deutschland siegt ... und ich glaube ganz gewiss daran, dass wir in Russland siegen ...: Also, den Krieg gewinnen wir bestimmt.*

Dahinter steht viel mehr als nur Unsicherheit, als ein schwankender Realitätssinn. Es ein Bild vom Menschen, zu dem dies alles gehört, und Ohnmacht ist wie Irrtum und Blind- und Taubheit mit davon umschlossen. Könnte seine Botschaft nur um so mächtiger sein? Nur scheinbar haben die alten Feinde des noch einmal gegen sie aufgestandenen Ohnmächtigen es leicht, noch einmal auch die alten Vokabeln gegen ihn aufzubieten. Er muss es aushalten wie einst, wird es aushalten wie einst, als ihm ein aus der Façon geratener Wirtschaftspolitiker einen *Pinscher* nannte und sich damit in die Kulturgeschichte schlich. Denn sonderbar genug: wenn große Moralisten historisch werden, wenn es ihnen gelingt, es zu werden, wächst ihnen wie ihrer Monokondition ›Moral‹ eine definitive Kraft zu, und was ihnen zu vertreten ›im Leben‹ schwergemacht wurde, erhält auf einmal für ›das Leben‹ entschiedene Autorität. So hier: gerade die fehlenden wie die verfehlenden Urteile fügen sich am Ende zu einem Wahrheitsgebilde zusammen, tragfähig wie Leonardos Bogen.

Der Verfasser des ausgezeichnet sortierenden und sezierenden Nachworts sieht die Verstöße gegen das idealistische Bild, das der spätere Schriftsteller Heinrich Böll von sich hinterließ, manchmal mit Unbehagen und versucht redlich, sich und uns daran vorbeizuwinden. Aber das wäre nicht nötig gewesen, ist nicht nötig –: man sieht, wie ein sehr junger, für seine Jahre sehr erstaunlicher Mensch geschunden erzogen wird, *dareis anthropos paideuetai*, und mehr ist nicht zu sagen. Irgendwo nach drei Jahren liegt die Peripetie: ein langer Weg für einen, der so langwierig wird, was er dann geworden ist. *Ich habe eine wirkliche Wandlung durchgemacht in diesen Jahren. Ich bin mitten hineingerissen worden in diesen Kampf mit der Wirklichkeit – noch weiß ich*

58

nicht, ob ich ihn ganz bestanden habe. In der Mitte der Leidenszeit entwickelt sich als Meisterung die anfangs nur mutwillige Ironie, und unter seinen Plänen für später erscheint der Wunsch, *einmal vollendete, eisklare Satiren schreiben zu können*; am Ende ist aller Humor vergangen, und die Äußerungen werden nur vorsichtig. Satiren, die der Zensor versteht, würden zu Recht verboten, hat Karl Kraus gesagt; die Satiren der späten Kriegszeit Bölls, wenn sie's denn wären, hätte der Zensor wohl nicht verstanden.

Mein Gefühl gibt überhaupt keine Resonanz, wenn ich ›Deutschland‹ sage; ist das nicht sonderbar? Eigentlich ja nicht, unter solchen Umständen. Konnte unter solchen Umständen noch Platz sein für so schöne Sachen wie *Kameradschaft* (das Hohelied der) oder überhaupt das gesamte ›Fürs-Vaterland‹ (das teure, ja wahrhaft kostspielige, an das man angeschlossen ist)? Er hat durchaus redlich versucht, sie darin Platz nehmen zu lassen; er hatte eine richtig deutsche Erziehung mitbekommen, katholisch genug, um ihn gegen allzu freie Geistigkeit zu feien; er schätzte als Vorbilder nicht nur die bekenntnisgebundenen Autoren der Zeit, Bernanos, Mauriac, Schneide und Bergengruen, vorab ihr aller Vorbild Bloy (*den ich am meisten liebe von allen, die je in Europa Bücher geschrieben haben*), sondern auch Ernst Jünger und war durchaus anfällig für dessen glasklar verquaste Militär-Mystik. Nein, er ist keiner, dem die Vernunft schon in der Wiege beigesprungen wäre: er hat mit dem Engel und Dämon ersichtlich ringen müssen, und einen Hüftschaden trug er bleibend davon, auch wenn er aus der Amtskirche später austrat.

Nun, das ist die alte Crux im Umgang mit ihm und seiner Literatur. Das, was zusammengerafft sein ›Katholizismus‹ heißen kann, hat ihn, das darf man mit Vorsicht sagen, zuletzt doch den Rang des großen Schriftstellers gekostet; die Probleme im Umkreis der Bogners und Brielach/Bachs, der Fendrichs und der Fähmels sind nicht die des Menschen. Das religiöse Weltbild verdient Respekt, wenn er sich hilfreich und geeignet zeigt, das Lebenselend auszuhalten. Aber es ist vielleicht bloß ein Stück Lebenselend mehr, die hier denken zu müssen: *Ich kenne nichts Gefährdeteres, nichts Wilderes, nichts Problematischeres als die christliche Existenz, die eine einzige Wunde zwischen Gott und der Welt ist; es ist ein toller Wirbel von Sünde, Leidenschaft und Heiligsein; immer, immer ausgeliefert sein, immer am Abgrund hängen, immer den Höhen so nah sein wie einem lachenden, roten Säufergesicht, das sich auf einen hinabbeugt in irgendeiner Spelunke, und immer, immer wieder die unendliche Wohltat der Gnade zu verspüren; immer zu lieben und zu hassen, niemals verloren sein auf ewig, verkauft an diese teuflische Ruhe und Ausgeglichenheit des Nicht-mehr-leiden-und-lieben-Könnens ... welch ein wahnsinniges Wagnis, welch ein phantastisches Spiel ist doch das Leben; immer wieder aufgrund der uns angeborenen Schwäche abzufallen, täglich, unendlich oft und immer wieder zurückfallen in die wahre Heimat unserer Leidenschaft ...*

Auch vor solchen Qualstern zieht sich der Text notwendig immer wieder zurück, auf Friedensinseln gleichsam, auf denen nur berichtet wird, geschildert, nicht erlebt. Er wird dann still und wunderschön: Idyll, Illumination, ganz zartes Genrebild von aufblühender Anmut. Man erkennt die Notspur des Versuchs, vor dem Realitätsdruck, dem des Äußeren wie des Inneren gleichermaßen, ins gesicherte Formulierte auszuweichen, ins nur Erzählte, womöglich in den Roman. Es wäre die Rettung als mitnehmende Fiktion, die phantastische Umwandlung der unabänderlichen Welt. *Gott gebe, dass dieser wahnsinnige Krieg bald zu Ende geht. Es ist wirklich, als ob ein vollkommener Irrsinn alle Völker befallen hätte.* Nur diese eine Melodie erklingt wie eine Litanei unwandelbar von der ersten bis zur letzten Seite; sie ist von keinem Reifungsprozess und keinem ästhetischen Verfahrenswechsel zu erschüttern, und sie erklingt um so objektiver, je weniger von den konkreten Stationen des Hitler-Kriegs die Rede geht. Der Krieg ist ›der Krieg‹: von ihm

schreibt er unablässig selbst dann noch, wen er nur seine Flucht ins Idyll abbildet, ins bloß Literarische. *Der Krieg* ist das bleibende Thema: *es gibt nichts Furchtbareres ... der Krieg ist grausam und schrecklich, wirklich höllisch ...*
Heinrich Böll hat, es sei nochmals gesagt, vergleichsweise ›Glück‹ gehabt: von den 68 Monaten des Krieges brachte er rund 40 in Deutschland zu, 20 in Frankreich und nur 7 in den Oststaaten, davon 1 ›an der Front‹. Immerhin blieb ihm nicht erspart, nach drei Jahren *mitten hinein in das Entsetzen des Ostens* zu müssen, in die *absolute Hölle des Krieges,* das Erdloch wörtlich ›im Felde‹: *Ich kann nie mehr das Soldatenleben bedenken, ohne die absolute Wirklichkeit des Krieges zu spüren, wie ich sie ›vorne‹ erlebt habe.* Von da an bekennt er, in sich zurückgekrümmtes Ende der Litanei nur noch Hass: *Wie maßlos ich dieses Leben hasse, hasse, hasse, aus vollster Seele ... die tägliche und stündliche maßlose Quälerei aller dieser Männer, die in 8 Tagen vielleicht den Heldentod sterben müssen! Ist es nicht eine maßlose Grausamkeit, ist es nicht wirklich absolut menschenunwürdig ...? Der Krieg, jeder Krieg ist ein Verbrechen; für immer bin ich absoluter Antimilitarist geworden ... ich hasse den Krieg, ich hasse ihn, und alle diejenigen, die Freude an ihm finden, hasse ich noch mehr ... ich hasse, hasse diesen Militarismus wie nichts auf der Welt ... diese Knechtschaft, diese Knechtschaft, diese vollkommene Unterdrückung und Abhängigkeit von den primitivsten Kreaturen ... es gibt nichts Brutaleres und Verbrecherischeres ... ich hassen den Krieg, ich hasse ihn aus tiefster Seele, den Krieg und jedes Lied, jedes Wort, jede Geste, jeden, der irgendwie anderes für den Krieg kennt als Hass. Er ist so völlig sinnlos, und die Politik ist so maßlos infam und verdorben, dass es niemals berechtigt sein kann, einen solchen Krieg zu beginnen ...*
Er hat diesen Krieg am Ende gewonnen, den die Soldateska verlor. Im April 1945 konnte er den *Stahlhelm, dieses entsetzliche Instrument,* ablegen, und seine Nach-Kriegs-Zeit begann – im zerbombten Köln, in dem es überall so aussah

wie heute am World Trade Center. Inzwischen ist nun längst seine Nach-Zeit überhaupt angebrochen, und ihr verdankt die literarische Welt, wie es so ist, den Zugang zu auch seinen Briefen. Sie bilden nichts Geringeres als ein neues Werk von ihm: ein sehr erstaunliches, so muss man am Ende zusammenfassen, ein wahres, ehrliches, hoch einzuschätzen. Ein Viertel des überlieferten Materials bleibt nach dem Willen der Adressatin unpubliziert; außerdem sind intime Dinge weggelassen, die Anrede, die Grußsätze zum Abschied: das ist – gerade für eine Zeit, in der das Private immer weniger Achtung genießt – nicht nur eine richtige Lehre, sondern trägt auch dazu bei, den objektiven Charakter dieses Briefwerks zu erkennen. Der Stellenkommentarteil des Herausgebers ist 358 Seiten lang und wirkt wie für eine sehr ferne Nachwelt geschrieben, der 10-zeilig erläutert werden muss, was *Osnabrück* war, oder gar 80-zeilig, was die *zwölf Prophetien des Karsamstags*. Das grenzt zuweilen an groben Unfug, auch wenn man großzügig darüber hinwegsieht, dass er die Anrede *mon caporal* mit *mein Korporal* übersetzt, und noch großzügiger über das schlimme Deutsch allgemein. Er hat zu wenig Zutrauen in die Selbsterläuterungskraft der Vorgänge, und das führt zu wahren Exzessen der Editionsphilologie. Unschätzbar sicher, dass – für die heute-junge Generation – viele Details der Grauen Vorzeit, die glücklicherweise keinen Bestand hatten, erläutert werden; aber für die ›Objektivierung‹, der Editoren zu dienen ja antreten, ergibt sich ein unerwartet kontraproduktiver Effekt: Je reicher die Bindungs-Details ans Historische gehäuft werden, desto weiter ziehen sie den Text aus seiner selbsterrungenen Objektivität ins bloß Private zurück. Denn die Schlacht im Kriegstagebuch des OKW ist etwas ganz anderes als die in den Kriegsbriefen des Gefreiten Heinrich Böll. Nur Historiker haben das noch nicht begriffen; die Kriegsbriefe des Heinrich Böll können sehr helfen, es ihnen beizubringen.

Eine ganze Generation, entgeistert von der Erfahrung, dass Adenauer nur 3 Jahre brauchte, um den ›Wehrwillen‹ erneut zu installieren, hat von Heinrich Böll, dem wahrhaft sozialen Demokraten, Europäer, Kosmopoliten, die Opposition und Pazifismus gelernt oder in großer menschlicher Autorität bestätigt zu kommen –: steht er noch einmal auf, um eine weitere Generation, die's wieder nötig hat, beides zu lehren? Man wird bei dieser Lektüre daran erinnert, wie sehr es solche Berichte waren, die das plausible Nie-wieder-Krieg nach dem Krieg zu einem grundsätzlichen Nie-wieder-Soldat werden ließen, und bleibt für einen Moment ganz still. Die Bücher sind es, um derer willen der Leser auch nach dem Leben des Autors trachtet und bei anderthalbtausend Seiten Bericht daraus nicht ermüdet. Heinrich Bölls Romane, respektvoll gesagt, sind gegen solches Ermüden nicht gefeit. Nicht ausgeschlossen, dass sie ›letzten Endes‹ von diesem Lebensbericht überlebt werden. Ihr Autor war sicher nicht der größte der Nachkriegs-Autoren, vielleicht ein großer nur im zeitgebundenen Sinn. Gehört seinen Büchern die Ewigkeit nicht, soweit die Literatur sie ermessen kann, – vielleicht gehört sie seinen Briefen? Es gibt, ganz streng genommen, gar nichts ihresgleichen. Die Maßgabe für seinen Rang stand immer noch aus; der Nobelpreis, der ja meist daneben fällt, erbrachte sie nicht. Nun liegt sie vor, und sein Erzählwerk kann – man sagt es fast erleichtert – in Ruhe dahinter zurücktreten. Dieses Buch des Werdens übertrifft die gewordenen Bücher alle: es holt sie, die ihm entsprangen, nachträglich ein und zieht an ihnen vorbei.

Nein, nichts ›Objektives‹ über den Krieg. Sondern nur eine Menschenstimme gegen ihn, gewaltig zu hören. Sie ist das Objektive schlechthin.

In seinem Arbeitszimmer in Bamberg, 1987.

Bei Arno Schmidt in Bargfeld.

Eine Putenfarm für Arno Schmidt?
To whom it may concern

Es gibt solche Denkmäler und solche. Die einen, die aus Stein oder Erz, erledigen die Dankespflicht sozusagen ein für allemal und erwerben sich mit ihrem Bekenntnis die Absolution, nämlich eine Art Schuldentilgung, nach der in der Regel erst recht das erleichterte Vergessen kommt. Die andern gehen dagegen eine Verpflichtung erst eigentlich ein, indem sie das Vergangene mit der eigenen Gegenwart verbinden und so uns der Fortdauer erhalten. Die einen, könnte man kurzab sagen, sind tot, die anderen lebendig. Das bringt für die Nachwelt sehr unterschiedliche Pflichten mit sich. Die einen brauchen nur die gelegentliche Materialpflege; die anderen benötigen nicht weniger als jene Pfleglichkeit im Umgang, jene Höflich- und Behutsamkeit, die man mitlebenden Wesen schuldet. Sie bestehen ja eben aus solchen Wesen selbst; ihre materielle Gestalt ist ein Haus, in dem Menschen arbeiten, ihre Rechtsform heißt »Gesellschaft«, Stiftung.

Arno Schmidts Bedeutung ist, obwohl für den »Sach«-Verständigen von Anfang an sichtbar, im Bewusstsein der Öffentlichkeit erst nur langsam gewachsen; heute unterliegt sein Rang keinem Zweifel mehr. Seine Texte, in der Landschaft Niedersachsens verwurzelt wie selten ein Werk, haben die Heide – weit über das hinaus, was in literarischen Werken die bloße Kulisse wäre – zur Welt-Bühne gemacht und tatsächlich die gesamte Problematik des 20. Jahrhunderts darauf durchgespielt. Die Innovationen, die er der Kunstgeschichte der erzählenden Prosa dabei einbrachte, finden bei keinem seiner schreibenden Zeitgenossen auch nur annähernd ihresgleichen und weisen noch weit in die Zukunft. Die erzieherische Wirkung seines Werks könnte mit allem Recht »bewusstseinserweiternd« heißen; er hat zwei Generationen nachhaltig geprägt. Arno Schmidt steht inzwischen für eine ganze Epoche und ist ein Name der Weltliteratur.

Niedersachsen hat in seiner Geschichte viele achtbare und manche hervorragende Schriftsteller aufzuweisen; keiner aber, das ist mit Entschiedenheit zu sagen, hat den genannten weltliterarischen Rang erreicht. Ein Denkmal für Arno Schmidt war mithin durch weit mehr begründet als die Anerkennung dafür, dass er ein Wahl-Niedersachse war und bekannte, Niedersachsen sei *stets meine große Liebe gewesen,* durch weit mehr als durch die Würdigung der Tatsache, dass die niedersächsische Landschaft einen integralen Bestandteil seines Werkes bildet und in all ihren Erscheinungen darin »zur Sprache gebracht« wird. So entstand vor über zwei Jahrzehnten die Arno-Schmidt-Stiftung: Gründung eines Mäzens und selber bedeutenden Schriftstellers, der die Größenordnung des Autors Arno Schmidt wie der hier gegeben Verpflichtung erkannte und die Möglichkeit schuf, sein – literarisch, ästhetisch, denkerisch – erziehendes Werk lebendig fortwirken zu lassen.

Wohlgemerkt: Nicht »der Staat« oder »die Gesellschaft« hat diese Stiftung errichtet, nicht »die Regierung« zu ihrem Unterhalt »Geld gegeben«: sie ist als Einrichtung nicht nur das Ideal des lebendigen »Denkmals« überhaupt, sie ist auch ein wahres Geschenk an die Nation, eine gemeinnützige Einrichtung im allerweitesten Sinn. In der oft trostlosen Geschichte der Bewahrung kulturellen Erbes stellt sie einen einmaligen Glücksfall dar. Nicht nur konnte Schmidts gesamte literarische Hinterlassenschaft vor der Verstreuung geschützt und zentral der Öffentlichkeit zugänglich gehalten werden, es wurde auch ein Arbeitszentrum geschaffen, dessen Tätigkeit ein internationales Echo gefunden hat. Werkeditionen (»Bargfelder Ausgabe«), wissenschaftliche Publikationen (»Hefte zur Forschung«), Projektförderung und Stipendien haben die Sache Arno Schmidt im Dialog fruchtbar gegenwärtig gehalten. Dies verpflichtet.

Wer einmal zu der Einsicht gelangt ist (es handelt sich ja fast schon um eine »Erkenntnis«), dass die gesamte Geschichte nur eine umständliche Prozedur der Evolution ist, um zur »Kulturgeschichte« zu gelangen, wird selbst im infinitesimal kleinen Einzelfall diese Zielbestimmung achten. Ihre Autorität überstimmt zuletzt jede andere, im Zweifelsfall selbst die von Gesetzen; es gilt gegen sie auch kein mehrheitliches Interesse. Ist eine Putenfarm ohnehin schon eine Einrichtung, die ganz allgemein – etwa im Hinblick auf das Tierschutzgesetz – stärkste Bedenken wecken muss, so muss man ihre Einordnung in eine als »Kulturlandschaft« verstandene und bezeichnete Gegend völlig unmöglich finden, um so mehr noch, wenn sie dort einem Kulturinstitut direkten Schaden tut. Ich habe mich davon überzeugen können, dass diese Auffassung von der »einfachen Bevölkerung« der Bargfelder Gegend spontan geteilt wird.

Die Zielsetzungen von Wirtschaft und Kultur vertragen sich grundsätzlich wohl nicht. Dass beide ihren Platz legitim in der lebendigen Gesellschaft haben, macht die Einsicht nicht ungültig, dass sie Raum und Abstand zwischen sich brauchen, um nicht zu kollidieren. Daraus hat sich eine geradezu ästhetisch zu nennende Verhaltensregel ergeben, die selbsterläuternd ist und sogar »amtlich anerkannt«: so wenig statthaft ist (oder sein sollte), neben einer Kirche, einem Schloss, einer jedenfalls geistige Kraft repräsentierenden Architektur eine banale Tankstelle zuzulassen, so wenig neben einem Denkmal eine Bedürfnisanstalt. Es hat noch nie einen industriellen Nutzungsbetrieb neben einer Industriellen-Villa gegeben. Die Gesichtspunkte, unter denen die Behörden diese Regel verinnerlicht haben, müssten auch Schutz genug vor der Zumutung bieten, neben dem Haus Arno Schmidts eine Putenfarm zu eröffnen.

Farewell Niedersachsen: bist selber schuld, warum hab ich nichts bei Dir gegolten! Es muss, so scheint es, doch einiges getan werden, damit dieser Satz nur in Arno Schmidts

Geschichten zu finden ist, nicht eines Tages auch in seiner Geschichte.

Arno Schmidt (links) und Hans Wollschläger. Bleistiftzeichnung von F.W. Bernstein, entstanden 1989.

Widersprüche eines Provokateurs
Über Glenn Gould: Briefe und Schriften

Wenn einer zur ›Kultfigur‹ ausgerufen wird, gar einer, der ernsthafte Achtung genießt, und es dann oft, mithilfe der Marktschreier, die ihn als Priesterschaft umringen, auch wird, wenn er's noch gar nicht war, gibt es viel Durcheinander: die Maßstäbe entgrenzen sich, entgleisen, und es beginnt die Unkenntlichkeit, die nicht zuletzt die Frage aufwirft, ob sie am Ende verdient war. Nicht nur dass seine wahre Statur im Gewoge der Standing Ovations unsichtbar, seine Stimme inmitten der unartikulierten Verzückung unhörbar werden kann, ist die Gefahr; es droht, ärger, auch das bewiesene Gesetz, dass es aus dem Bad in der Menge keine Wiederkehr gibt. Die Masse erdrückt auch mit ihrer Zuneigung; wälzt sie sich ihrer nächsten Begeisterung zu, so lässt sich mit dem hinterbliebenen Rest nichts mehr anfangen; nichts ist so tot wie der Kultus von gestern. Unter vielem anderen mag das damit zu tun haben, dass die vom Massenapplaus entmachtete Kritik ihre Kränkung selten vergessen kann: hat der irrationale Gunstregen ihr die fegefeurige Aufgabe der Rangbestimmung einmal gelöscht, so für immer. Ein Schicksal, niemandem zu wünschen, dem einen definierten Rang zu gewinnen bestimmt ist. Die ›Kultfigur‹ ist das Anonym schlechthin; dass etwa Karajan es, trotz all seiner Sucht danach, nicht wurde, beweist und rettet vielleicht seine doch und doch erhebliche Substanz für die Nachzeit. Glenn Gould sollte es nicht werden.
Der kanadische Pianist, schon mit 20 in ganz Kanada bekannt, mit 23 in den Vereinigten Staaten, mit 25 auf dem europäischen Kontinent bis in die Sowjetunion hinein, sei es *bereits zu Lebzeiten* gewesen, schreit sein Verlag auf den Markt, eine *Legende* dazu, jetzt sogar *Universalgenie*, weil er auch Aufsätze verfasst hat und Briefe geschrieben. Tatsächlich war seine Karriere ein imponierendes Schauspiel, und wer sie mitbekam, mit all ihren grellen Überraschungen,

blieb nicht nur hinter ihrem Tempi mit Erstaunen zurück und hatte das Ornamentalwort ›genial‹ leicht für ihn zur Hand. Tatsächlich auch gerieten seine Interpretations-Dokumente sehr schnell in die Gefahr, als Background für Intellektuellenpartys und Studentenbudenzauber geeignet gefunden zu werden, und seine Selbstdarstellungen im Fernsehen als hochkluges, entwaffnend unbefangen aus der Schule der Hohen Kunst plauderndes enfant terrible hatten sichere massenzentrierende Kraft. Aber – und dieses Aber beweist den überlegenen Rang der amerikanischen Musik-kritik –: die Kritik hat diese Karriere immer mit Besonnen-heit zu geleiten versucht und ihre Bewunderung nie im Überschwang zerlaufen lassen – in erstaunlicher Platzhalter-schaft der europäischen Tradition, die von der europäi-schen Kritik weit weniger entschieden vertreten wurde. Ohne Scheu, mit den Sachwaltern eines sturen Purismus verwechselt zu werden, bewegte sie sich in der Lizenz des schillernden Satzes von Karl Kraus, das Genie könne irren, der Philister irrtümlich recht haben; mit nüchterner Ge-nauigkeit, bei allem Respekt für sein immenses Können, verwies sie ihm den Übermut seines mutwilligen Eigenbrödelns: um ihn, für die Kunst, vor dem Absturz in die Untiefe der Volksgunst zu schützen? Er war für diese Gunst und ihre Prämien durchaus anfällig, suchte sie, gera-de auch in jener spektakulärsten Geste seiner Laufbahn, die von der Fan-Gemeinde als eremitärer Rückzug in die Inner-lichkeit verehrt und als Bestrafung der eigenen Banalität demütig hingenommen wurde: mit 32 beendete er alle seine Podiumsauftritte und produzierte sich nur noch im Studio für die Ton- und Bildträgermedien. Die Gründe waren rational genug und geben bleibend zu denken: nicht nur die Sorge vor der Unkorrigierbarkeit seiner Verfehlung im Hier-und-Jetzt des Konzertsaalmoments, nicht nur die Skepsis gegenüber dem Entwicklungshemmenden der Wiederholungsroutine, – auch seine Einsichten in das ganz neue, privat-nomadisch erlebende, wie nie individuale Hören, das von der elektronischen Tonvermittlung ermöglicht worden war. Aber dahinter stand zugleich auch die aberwitzige Vorstellung, so ›die ganze Welt‹ zum Konzertsaal machen zu können, das Umschlingen der Millionen. Unsicherheit und Maßlosigkeit im Anspruch, an sich wie an sie, bildeten in seinem Leben immer einen Akkord, aus dem heraus sich Perfektionismus und improvisiertes Experiment linear kontrapunktisch entwickelten; er brachte, dieser Akkord, Interpretationen hervor, in denen das Einmalige neben dem Absurden bleibend um den Einklang rang. Hat er ihn, bleibt die Frage, schließlich erreicht? Mit 50 starb er an Hirnschlag, entschieden nicht zu spät, wie er's so böse von Mozart sagte, sondern traurig früh, nach einem verzehrenden Lebenslauf vorschnell am Ende – allerdings auch am Ende einer reichen Produktion, die, fast mehr noch als er darin die Werke, auch ihn in den Werken bezeugt und die Neugier nach ihm fortdauernd nährt.

Wie war er – als ›Mensch mit seinem Widerspruch‹, als reproduzierender Interpret seiner selbst? Das Absurde, sein mutwilliges Eigenbrödeln –: natürlich ist nicht das Anekdotische gemeint, aus dem sich die kultfigürliche Legende strickt, das geduckte Hocken vor der Klaviatur, die Fingerhandschuhe, Gesumm und Gebrumm beim Spiel, der Wintermantel im Sommer; dass er, der hocherhitzte Mensch, immerzu fror, kommt allenfalls als Gleichnis in Betracht. Gemeint sind die Bizarrerien seiner Werkdarstellung, das Gegen-den-Strich, der kindlich packende, oft das Zerbrechen riskierende Zugriff auf die Spiel-Sache. Sie sind bekannt, weil immer kritisiert worden, nicht nur als Wunderlichkeiten, Paradoxien, Exzentrizitäten, sondern als Verstöße gegen jene *Werktreue*, der gegenüber er *stets eine locker improvisierende Haltung* für sich in Anspruch nahm. Aber man darf, gerade wo man seinem Werk treu bleiben und seine Erscheinung vor dem Verschwinden im kultischen Nebel bewahren will, den Fingerzeig auf seinen Wiederspruch nicht unterlassen, muss ihn wiederholen, solange

man sich seine Interpretationen wiederholen lässt. Sie bildeten ein Widersprechen selbst, und wer seine Biographie
schriebe, vorab die des missglückenden Komponisten,
könnte vielleicht zu erkennen hoffen, wem und was sie
widersprachen und warum. Seine aggressiven Tempi bei
Mozarts A-Dur-Sonate, sein burschikoser Umgang mit
Chopins h-moll, ohne dass er ganz gut leben zu können
bekannte, sein Eigen-Sinn im I. Brahms-Konzert, gegen
den sich Bernstein eigens mit einer Ansprache ad
spectatores verwahrte, seine Zurichtung der letzten Beetho-
ven-Sonaten, ungezähltes Detail bei Bach –: alles war pro-
vokant und hat es in voller Kraft zu bleiben, und man muss
sich weiterhin davon aufreizen lassen – wie von dem,
durchaus absichtsvoll vermittelten, Ohnmachtsgefühl zugleich, dass man's selber nie und nimmer so hinbrächte.
Wenn er speziell zum späten Beethoven lehrer- und gön-
nerhaft nachreicht, dass seine, GGs, Eigenwilligkeiten dabei
*nicht irgendwelchen Launen entsprungen sind, sondern auf
einem recht sorgfältigen Studium der Noten beruhten*, so muss
ihm das ›Papperlapapp‹ als Antwort desto sicherer bleiben,
je näher man selber den Noten ist, und manchmal gar kann
einem – nein, das muss doch in voller persönlicher Verantwortung hierher: manchmal ist mir etwa die Sonate op. III
in seiner Wiedergabe regelrecht widerwärtig geworden, ein
bloßes Karussell leer fliegender Technik: – sollte dies am
Ende seine Absicht gewesen sein?
Wenn man seine Urteile beizieht, könnte man es fast meinen. Er hat mit ihnen nicht gespart, sein Dolmetschen der
Werke zusätzlich mit ihnen verdolmetscht, und sie sind
nicht selten verstörend wie jenes selber; sie zeigen, wie ernst
man seine Provokationen dort zu nehmen, wie strategisch
sie zu verstehen hat. Mozart nannte er *mittelmäßig*, die g-
moll-Sinfonie bestand für ihn *aus acht bemerkenswerten
Takten … und drumherum einer halben Stunde voll Banalität*. Beethovens Hammerklavier-Sonate zählte er *nicht zu
meinen Lieblingsstücken*; die Vierte konnte er *nicht ertragen*,

die Pastorale mochte er *nicht besonders*; in der Apassionata hörte er *egoistische Aufgeblasenheit*. Die ganze Klaviermusik der ersten 19.-Jahrhunderthälfte fand er *widerlich ... mechanistisch ... außerdem unangenehm sentimental und voller Salonmätzchen*. Kontrapunkte: für seinen Lieblingskomponisten erklärte er Orlando Gibbons; Strauss war ihm *die größte musikalische Gestalt, die in diesem Jahrhundert gelebt hat*, und Schönberg *einer der größten Komponisten, die je gelebt haben*: – nur wenige Beispiele, leicht fortsetzbar. Nun haben allerdings diese Verstörungen einen diskutablen Kern, und sie wiederholen bezeichnend den Zug seiner Interpretationen: dass man im Moment ihres Erklingens fast immer überzeugt wird, jedenfalls überwältigt, und sich erst davon erholen muss, um das besonnene Urteil wiederzugewinnen. Es behält dann freilich das letzte Wort, und dem wiederholten Hören redet es rückstörend drein. Was aber eigentlich gegen seine Redensarten redet und sie enttäuschend ins Beiseite tut, ist dies: dass man vergebens nach erklärender, gar beweisender Argumentation in ihnen sucht. Sie dekretieren, teilen Erlasse aus, und die sie deckende Autorität beginnt im selben Moment peinlich zu fehlen, wo sie eben für diese Autorität selber als Beweise dienen sollen. Ein ›Reader‹ hat seine zahlreichen Aufsätze, Features, Selbst-Interviews zusammengetragen, deutsch marktschreierisch als ›Schriften‹ in zwei Bänden erschienen, viele hundert Seiten; sie belegen alles mögliche, nur nicht was man in ihnen als bloßen Hilfsmitteln sucht: die Eigen-Art seiner provozierenden Musik. Nur ein kleiner Teil ist wirklich analytisch, der ganze Rest eher Feuilleton, Plattencover-Ästhetik, Plauderei am Bildschirm-Kamin, oft heillos verschmockt, zuletzt hochversiertes Geschwätz. Und selbst die Analysen münden merkwürdig ratlos ins Leere: Dass Musik ›auch‹ eine Sprache ist, die als Gehalt nicht nur Syntax und Grammatik, sondern auch Botschaften mitteilt, gedachte und gefühlte, fehlt ihnen durchweg –: ist es dies, was auch seinen verfehlenden Interpretationen fehlt? Er nähert sich Musik selten anders als ein Linguist der Dichtung –: Provokation einmal mehr – oder doch sein Defizit? Sicherlich keins seiner Ausdrucksfähigkeit; mit derselben Leichtigkeit, mit der ihm die Noten von der Hand gingen, liefen ihm auch die Wörter vom Mund, die sie erläutern sollten. Nur, seltsam genug: der Strukturhörer Gould, in seinem Musikbegreifen mit Leibniz einig wie mit Adorno, den er las, und wie keiner seiner Kollegen befähigt, in dessen riskanter Hörer-Typologie die Bedingungen des obersten Verständnisses zu erfüllen, der Strukturspieler Gould ließ sie, seine Texte über Musik, frappierend ins Formlose laufen, weitschweifig abschweifend, und hört-sieht man ihnen verdoppelt aufmerksam zu, so erweist sich, dass sein Interpretieren mit Wörtern eigentlich der genaue Gegensatz zu dem mit Tönen ist –: gehörte denn das zu den Erklärungen seiner selbst? Er floh aus der Strenge ins Adlibitum, in ein Rubato des Denkens, in dem er fast befreit wirkt, aufatmend, wie bei einem Nachhausekommen, und dass ihm die Kritik das Spiele-Künstler-rede-nicht so ganz vergebens zurief, macht das Enigmatische seines Wesens nur immer größer – war ›die Struktur‹ gar nicht sein wahres Lebensfeld, galten seine Exzentrizitäten gar der Destruktion eines Zwangs, wäre das der Mut-Wille hinter ihnen?

Rätselhaft alles hinter der Provokation; seine ›Schriften‹ lösen es nicht. Nun sind schließlich noch seine Briefe dazugekommen, ein paar hundert Seiten abermals, eine kleine Auswahl; er schrieb oder diktierte soviel, wie er telefonierte (dies letztere, in genialer Ungezogenheit, meist nachts, zum Seufzen der Freunde), und das meiste scheint Wortschwall gewesen zu sein, bloße Stimm-Etüde – mit allem dahinter, was sie bedeutet. So großen Aufwand betreiben Selbstdarsteller immer, weil sie ihr wirkliches Selbst unablässig korrigieren müssen: – wenn das wahr ist, spannt er die Neugier darauf nur weiter an. Freilich, *jene Geheimnisse oder Geständnisse, die den Voyeur befriedigen*, werde man nicht finden, beugt der Herausgeber vor – dem die Dürftigkeit des Edierten bewusst genug gewesen zu sein scheint. Aber man muss nicht Voyeur sein, um bei einem so extremen Leben nach dem Menschlichkeits-Geheimnis zu suchen –: wie war er ›als Mensch‹ wirklich, hinter allem bloßen Auftreten? Briefe könnten es ja zeigen; diese Briefe zeigen es nicht. Es ist das einzige, was sie lehren, und das einzige auch, was ihre Publikation begründet: seine Wahrheit ist nicht zu haben. In ihren (wenigen) arbeitserläuternden Partien geben sie nur ein Echo der Aufsätze, blass; in den menschlichen Selbstmitteilungen sind sie von abgezirkelter Leere. Ob er an seinen Vater schreibt (– *mit freundlichen Grüßen* –) oder an einen Fan, nirgends durchbricht ein wirkliches Vertrauen das Netz aus lebhaft distanzierten Redemustern, und das Privateste, das zu erfahren wäre, liegt in Mitteilungen wie der, dass ihm *jedes Essen fast völlig gleichgültig* war und die Möglichkeit der Tablettenernährung erwünscht. Hatte er überhaupt Freunde? Erbwalter lassen sich gern posthum mit ihrem Objekt sehen, und wie der Herausgeber der ›Schriften‹ sein Vorwort mit *Glenn Gould und ich* ... anhebt, so pocht auch der der ›Briefe‹ auf seine Intimität mit deren Verfasser –: er hatte, Glenn Gould, wirkliche Freunde wohl nicht; Geschäftspartner sind die Adressaten, Mitarbeiter, Fans, außerstande alle, einen wirklich privaten Ton hervorzurufen. Keiner der Sätze nach außen ist von einer tiefen Empfindung bewegt: Eleganz, Launigkeit, Sacheifer stehen auch in dieser Selbstdarstellung vornan und bilden zusammen einen Szenen-Prospekt, hinter dem seine Ich-Stimme in einem hallenden Off verschwindet. Man wird seiner Humanität nicht habhaft; greifbar bleibt der inszenierte Terminkalender eines prestissimo tätigen Ego-Lebens, das vorbei ist. Was war er ›wirklich‹? Er begeisterte sich für Karajans Selbstdarstellung mit der Pastorale: *Ich bin fürwahr ein Schauspieler* – sollten wir das für wahr nehmen? Die Rollen wechselten auf seinem Spielplan und kehrten im Wechsel wieder, vom geistigen Eremiten bis zum Feature-Journalisten; keine war wirklich die seine. *Diabolisch* tauft das Marktgeschrei seinen Humor; aber teuflisch wäre zuallerletzt zu nennen, was in seiner ausschweifenden Selbstverliebtheit nur das narzisstische Kind hervorblicken lässt. Es ist ein Fragment, wie alle in den Briefen zur Sprache kommenden Selbst-Stilisierungen, ein Puzzle-Stück des Bildes, das nicht zu haben ist und in dem er selber nur spielte. Die Struktur dieses Spiels? Narzissmus natürlich, insgesamt; darunter dessen Defizite und Ängste; davor aber auch die stupende Ego-Festigkeit, die ihm – schlimme Wahrheit – als *letzten Endes der einzige wichtige Bestandteil im Rüstzeug eines Künstlers* bewusst war. Ein sehr ›moderner‹ Mensch … und als Künstler nur zum Teil von dieser Welt.

Was bleibt – auf ihr von ihm? Es bleibt sehr viel. Nicht nur *die seltenen Gaben für die Welt*, die ihm schon in seiner amerikanischen Debüt-Kritik bescheinigt standen, sondern auch die Provokationen seines Widerspruchs, den er mit ihnen, mit ungeheurer Technik und atemberaubender Anschlagssubtilität formulierte. Sie gilt es bewusst zu halten – und immer wieder zu beantworten; nur so lässt er sich vom Schicksal der ›Kultfigur‹, das ihm droht und das er nicht verdient hat, nachlebendig schützen. In diesem Jahr wäre er ins bürgerliche Ruhestands-Alter getreten; man könnte, so wenig Bürgerliches an ihm zu finden ist, tiefsinnig spekulieren, wohin er, ›in Ruhe‹ schließlich gelangt wäre, als Denker von Musik, als ihr Interpret. Vielleicht zu einem *Opus 2*, dem Komponieren? Vielleicht in die Melancholie, das Narzisstenschicksal, vielleicht ins Verstummen? Es wirkt unheimlich angelegt in ihm, gerade in den beredtesten Augenblicken seines Redens mit Wörtern und Tönen –: er selber war in ihnen stumm. *Mit dreißig*, schrieb er mit 30, gedenke er sich *in geziemend herbstliche Senilität zurückzuziehen*, und den Abschied vom Klavier erwog sein Mutwille gelegentlich wie den vom Konzertbetrieb: ridendo dictum vertum. Seine Plattenkarriere begann einmal mit den Goldberg-Variationen; mit einer Neuaufnahme endete sie. Dazwischen liegt, stumm inmitten der äußeren Oszillationen, viel inneres Leben und Sich-Entwickeln, Denken, – wer es sich beschreiben könnte, die haarfeinen Differenz-Risse in der Identität von Debüt und Swansong erhorchend, wüsste mehr von ihm, als alle seine Schreibarbeiten vermitteln.

Leitfaden a priori
Über Karlheinz Deschner: »Kriminalgeschichte des Christentums«

Es ist ein Kreuz mit der Geschichte – besonders mit jener, die mit dem Kreuz selber zu tun hat. Denn »das Christentum, das im Über-Ich der Geschichtsschreibung als Mutter-Macht so ersichtlich verdrängt ist, dass der Wiederkehrsdruck eine ganze Symptomatik ausgebildet hat, ist von ihr aus der Geschichte selbst verdrängt worden – qualitativ wie auch quantitativ. Sie hat es als Feldzeichen auf ihrer gesamten Charakteristik – in einem Maß, dessen Diesseits unter allen Jenseits-Religionen nur noch der Sozialismus einzuholen versucht hat –: sie ist die seine, von ihm bewirkt und von ihm erst zu dem gemacht, was sie ist. Man muss so weit ausholen, so weit aufs Grundsätzliche kommen, um absehen zu können, was Karlheinz Deschners riesige Unternehmung einer Kriminalgeschichte des Christentums sich eigentlich zum Ziel gesetzt hat: nicht nur – wofür sein Name längst als Begriff steht – Entlarvung und Revision der speziellen, speziell verheuchelten und kuriosen Kirchengeschichtlerei, die sich vorzugsweise als Wegbeschreibung einer zweitausendjährigen, nur gelegentlich von politischen Komplikationen behinderten, Missionsunternehmung versteht. Denn das ist längst bekannt – : so sehr die Kirche ihr Selbstverständnis beim Renommierbegriff ›Abendland‹ sofort der Politik an die Seite stellt, so wenig lässt sie sich dort sehen, wenn es um die Taten-Details geht, um die Unzahl von Untaten, die es politgeschichtlich, hinter der Fassade von Burgen und Domen, definieren. Ihre Historiker haben ihr bei diesem Geschäft immer geholfen, sie bei ihren Auftritten nach Kräften mit ideellen Titeln vermummt und ihr selbst für jenes Zielextrem, das ihnen bei ihren weltlichen Heroen einwandfrei irrsinnsverdächtig ist, die volle Normalität bescheinigt, nämlich das Weltherrschaftsstreben, war es bei ihr doch einwandfrei aus dem

78

göttlichen Missionarsbefehl abgeleitet. *Reaktion des Geistes gegen die vorhandene Wirklichkeit* hieß ergo, vermummend, die *Kirchenpolitik* des frühen Mittelalters denn wieder bei Hegel; *alles nur Menschenwerk*, hatte dagegen, vergleichsweise naiv und nicht einmal besonders unterrichtet, Friedrich der Große geurteilt, in seiner Vorrede zu Fleury's Kirchengeschichte 1766, und das Erlösungsunternehmen des Stifters selbst als gescheitert und verfehlt angesehen: die Welt sei so *verderbt geblieben, wie sie vor seiner Ankunft war … Wenn die Religion wahr ist, so reicht ihre Evidenz zur Überzeugung hin. Ist sie aber falsch, so muss man freilich verfolgen, um die Menschen zu ihr zu bekehren.* Mission, Bekehrung als Verfolgung: in der Tat ein Menschenwerk besonderer Art – mit einer Wirklichkeit, die ihr Vorhandensein eben durch seine Aktionen erst gewann: ein perverses buchstäblich, ein so verderbtes und falsches, dass die gesamte Weltgeschichte ihm nichts Vergleichbares an die Seite stellen kann. Und das wirkliche Ziel von Deschners auf 10 dicke Bände geplantem Werk, nach 10 Jahren bei Band 5 angelangt, ist eben dies: diese Perversion, dieses von den Historikern verkehrte Ursache-Wirkung-Bündnis ans Licht zu ziehen und zur Erkenntnis zu bringen; sie überlagert noch die andere, die der jesuanischen Lehre im Phänomen ›Kirche‹ selbst. Deschner schreibt nicht einfach Kirchengeschichte, etwas Spezielles also, beliebig, sogar kulturgeschichtlich zu Sonderndes; er schreibt als Kirchengeschichte die ganze Geschichte neu – und gibt sie in eben dieser Identität als Kriminalgeschichte zu erkennen, die sie war. Das geht der gesamten Vertuschungs-Historiographie mitten ins Gesicht, und nur folgerichtig geschieht es mit allen dort verpönten Mitteln: urteilend, wertend – nämlich ›moralisch‹ wertend, nämlich aus der Sicht der Opfer, die das alles erdulden mussten: eine Grusel-Chronik ohne Wenn und Aber. ›Differenzierung‹ verlangt da habituell die Zunft-Kritik, um aus dem Blutsumpf in irgendeine ›Idee‹ abheben zu können; nichtsda: sie brächte, aus der Nähe des

Erduldens gesehen, keine Differenz. Diese Nähe, an der er unerbittlich festhält, ist Deschners Prinzip – und sein ihm nicht entreißbare Legitimation. Es geht im 5. Band um das 9. und 10. Jahrhundert, also vor allem um das, was zunfthochsprachlich das *fränkische Universalreich* heißt: einen Riesenraum zusammengeraubter Gebiete, gärend immerzu, unregierbar; die Kaiser, Sippschaft Karls ›des Großen‹, seit Ludwig ›dem Frommen‹ Imperators mit dem Selbstverständnis als Fortsetzer des römischen Ostreichs, Augusti mit dem Selbstverständnis als ›Mehrer des Reichs‹, nur blinde Macht- und Besitzgier allesamt, einander um Macht und Besitz ›bis aufs Blut‹ bekämpfend, eine Bruder- und Vetternschaft primitiver Gewaltmenschen, Analphabeten alle; Bildung nur noch bei verschwindend einzelnen Individuen in den Klöstern, Kulturproduktion nahe Null; ›das Volk‹ eine unendlich elend dahinvegetierende Masse, von elementarer Not bedrückt, von der Herrenschicht als Kraft nur vergeudet, nichtexistent als Mitmenschheit, eine cartesianische Maschinerie von Arbeitstieren; – und über allem die *geistliche Macht* des Bindens und Lösens im aberwitzigsten Sinn: die alleslenkende *Mutter Kirche* mit ihrer eigenen, unersättlichen, jenen Inbegriff von ›Vermögen‹ einschlingenden Habe-Sucht … Kriminalgeschichte wahrlich: was Schulbüchern auf *kriegerische Auseinandersetzungen* eintrocknet, auf *machtpolitische Spannungen, Ringen um die Vormachtstellung, Grenzsicherung, Befriedung* gar, wacht in Deschners Darstellung buchstäblich wieder ›zum Leben‹ auf: Gangsterkämpfe sind's, und das Familientreffen all der Kronen- und Mitraträger, das er aus den Primärquellen einberuft, ist von einer Art, dass am Ende ›das Abendland‹ anmutet wie ein riesiges, aus aller ethischen Façon geratenes Chicago. Ist das endlich ›die Wahrheit‹? Wer sich an der Widerlegung versuchen wollte, müsste zumindest viele Haken schlagen: Deschner lässt ihm in seiner erdrückenden Fakten-Phalanx keine Lücke, durch die zu entschlüpfen wäre, kein einziges *Jahr der göttlichen Menschwerdung* – so die ewiggleiche Daten-Skandierung der geistlichen Chronisten –, das nicht gefüllt wäre von abgesegneten Greueln, durchjauchzt, durchschworen, durchmordet vom *Namen Gottes*. Er tut das mit Ingrimm – und mit jener mitleidenden Ironie, die schon Schopenhauer als eigentlichen ›Stil‹ für die Geschichtsschreibung empfahl und zu der unweigerlich gelangen muss, wer als Wanderer durch die Urwälder zweihundert, am Ende zweitausend Jahren Urkunden den Kontrast zwischen Redensarten und Tatenarten im Christentum erblickt hat; mit Hohn und Verachtung lässt er die Zeugnisse aufeinanderprallen: die faktendürre Wortkargheit der Annalisten mit dem öligöden Schwall der pfäffischen Rede und schließlich mit den abgestorbenen Sprachregelungsritualen der Historiker. Das ergibt, als Selbstdarstellung der Geschichte, eine mitunter schrille, provozierend atonale Komposition, eine ganz eigenartige Polyphonie der Heuchelei, deren unerschöpflich monotoner Zungenschlag die Frage weckt, ob er nicht – Deschner bejaht es – spezifisch ›christlich‹ sei, allein aus dem exotischen ›Wahrheits‹-Verständnis der christlichen Kirche zu erklären; eine vergleichende weltgeschichtliche Stil-Untersuchung würde möglicherweise Überraschungen bringen. Ödnis geradezu breitet sich manchmal daraus aus; man wird der Greuel und ihrer psalmodierenden Tonsprache so müde, wie die Menschheit ihrer längst hätte werden müssen: *dasselbe, immer anders* – ein unerschöpfliches Kaleidoskop aus Scherben, die zu nichts anderem taugen als dazu, in immer neuen Mustern *den Menschen als reißendes Tier zu zeichnen* (Jacob Burckhardt). Aber es stellt, dieses Kaleidoskop, auch im gemusterten Chaos, aus der Nähe besehen, nur das Chaos wieder her, das die Geschichte dort immer ist – und hier, beim dürftigen Nachrichtenwesen der Zeit, einzig sein konnte. Differenzierung gibt es in ihm nur als Lüge; für ein wahres Geschichtsverständnis ist keine andere legitim als die zwischen Tätern und Opfern. Sie jedenfalls fehlt bei Deschner keinen Augenblick, ist das Kriterium seiner Arbeit. Sicher, es geht bei diesem detailliert chaotischen Zirkeltanz der Stunden und Tage und Jahre auch im Text oft wüst zu und manchmal leer; einem Autor, der dieses öde wie Techno-Musik sich repetierende Semper-idem als Roman vorlegte, wäre die Bezichtigung unendlicher Einfallslosigkeit und Langeweile sicher. Nicht immer auch, darf man sagen, vermag Deschner die große, Zeit raffende Stilgeste seiner Einleitung zum Gesamtwerk zu halten; aber er gewinnt sie zwischendurch immer wieder zurück, und dann überwältigt er auch literarisch mühelos seine Gegner mit jener Autorität, die einzig aus großer Menschlichkeit kommt. Sie ist sein Leitfaden a priori, einer der ihn mit seinen Figuren wie mit seinen Lesern verbindet –: diese beiden will er zusammenbringen, wie Gleichzeitig-Lebende einander konfrontieren, zu Liebe wie zu Hass. *Ich schreibe ›aus Feindschaft‹,* stand schon in der Einleitung: *Denn die Geschichte derer, die ich beschreibe hat mich zu ihrem Feind gemacht.* Diese Feindschaft erläutert und korrigiert zugleich das goethesche *Beste, das wir von der Geschichte haben,* nämlich den *Enthusiasmus, den sie erregt* –: zu ihr als zu ihm will er den Leser verleiten, ja aufwiegeln; er will mit dem Leben, das war, noch einmal das Leben, das ist, wahrhaft erregen; das ganze Werk ist ad spectatores geschrieben und noch im monomanisch Monologischen eigentlich ein Dialog. *Emotionen,* sagen die Historiker, die sich davon emanzipiert haben, und spreizen die weihwässrigen Finger; sie treffen das Richtige in jedem Sinn – und sich selber mitten ins steinerne Herz.

Das Kreuz mit dem Kreuz –: es ist ja die Frage, ob das Christentum selbst sich wünschen sollte, dass nur noch akademisch von ihm geredet werde. Die Geschichte, von der nur noch geredet wird, könnte abschreckend zeigen, wohin es geriete. Dass beide, untrennbar verbunden, in den Orkus geraten mögen, irgendwann, ist Deschners Wunsch und Ziel, Aufklärung sein Instrument. *Man muss die Geschichte kennen, um sie verachten zu können,* sagt die Einleitung. *Das Beste an ihr ist, dass sie vorübergeht.* So einfach, so wuchtig; und von anderer Stelle tritt der andere Satz hinzu, mit dem der Autor sich und seiner Arbeit den umfassenden Quellenvermerk annotiert: *Licht ist meine Lieblingsfarbe.* In diesem vielberufenen und oft unnützlich geführten Licht – französisch heißt es La Lumière – ist zu sehen, was das wirklich ist, was irgendwann vorübergehen und in den Abgrund soll, – was ›die Geschichte‹ abgründig wirklich ist: *Trümmerstätte* und *Schlachtbank,* ja, Ruinen und Leichenberge: erlebte Leiden, und nichts sonst. Keine ›Ideen‹, keine ehernen Notwendigkeiten ›des Geistes‹: erlebte Leiden, und nichts sonst. Gegen sie lehrt er die Emotion ›Wahrheit‹, anrührend utopisch und doch zum Greifen nahe bringend; er zwingt zum begreifenden Lernen. Dass die abendländische Geschichte Kirchengeschichte sei, ist seine eine These; dass dieses zweieinige Unikat falsch beschrieben sei, die andere. Lernen müssen so von ihm vor allem die Historiker, die durch ihn fehlbar gewordenen Lehrer, von denen er die Materialien hat und gegen die er sie kehrt; sie müssen von ihm lernen, damit ihre Leser, die gegenwärtig und künftig Erlebenden, endlich zu lernen lernen: Was? Nicht die Fakten allein, den wahren oder verlogenen Tüddelkram der Geschichte; den haben sie buchhalterisch korrekt immer verwaltet. Sondern: das wahre – und verlogene – Gesicht der Konstitution Geschichte, zu der diese Moleküle sich zusammenschließen. *Es leben unstreitig in Deutschland ein Dutzend Menschen, welche überhaupt nur archivalisches Anhäufen von Einzelfacten als wissenschaftlichen Fortschritt gelten lassen,* schrieb einst Jacob Burckhardt, und er meinte die, bis heute autoritäre Ranke-Schule; *wer aber Leben darstellt und Ideen hat, geht diesen Herren gelegentlich aber zu ihrem großen Erstaunen über die Köpfe hinweg.* Deschner geht über weit mehr als ein Dutzend Köpfe hinweg, und die saturierte und glattrasierte Unberührtheit, mit der auf Kathedern über Katastrophen geredet wird, steht unter und hinter ihm gar nicht mehr gut da. Von dem *Weltgericht,* das nach Schillers griffigem Ausdruck *die Weltgeschichte* ist, haben die Historiker sich lange genug als selbsternannte Pflichtverteidiger aufgeführt; jetzt sind sie zu ihrem großen Erstaunen mit einemmal auf die Anklagebank geraten, der Beihilfe auch zu dem Skandal bezichtigt, dass die Täter neben ihnen, denen sie nach der Tat die Epochen schöngeschrieben und freigiebig das Attribut ›der Große‹ zugeteilt haben, wenn die Quantität der von ihnen hinterlassenen Leichenberge und Ruinen besonders eindrucksvoll war, im tätigen Leben selbst immer durch das davonkommen, was absurderweise *Völkerrecht* heißt. Sie müssen, diese Verteidiger und Beihelfer, nach Deschners Beweisaufnahme viel tun, um selber davonzukommen −: sie müssen ihr Pantheon, das gegenständlich wie das ideelle, endlich entmythologisieren; sie müssen sich andere Helden suchen als die krachenden *welthistorischen Individuen*, nicht nur auch wenn, sondern weil die die einzigen waren, die aus den endlosen Methodenkatalogen der Machtausübung und Unterdrückung bisher lernen konnten; sie müssen sich den wahren menschlichen Schicksalen zu widmen verstehen, jenen, die in den von ihnen besungenen Heroentaten nur am Rande vorkommen und nur in Zehntausender-Einheiten: ihr Fach muss, in diesem Sinne nur alias, eine Sozialwissenschaft werden − den Nebenfächern endlich hinterher, die es längst wurden. Sie müssen schließlich, die Historiker, alles umfassend gesagt, ihren Wortschatz erweitern, um für all diese Aufgaben überhaupt benennungsfähig zu werden −: kein besserer Lehrer als Deschner wäre hier für sie zu finden. Vielleicht ist seine Kriminalgeschichte, als ein einziges gewaltiges Pamphlet mit mehrfacher Zielrichtung, nicht das Ideal selbst, zu dem die Geschichtsschreibung gelangen muss; ganz fraglos aber ist es der ideale Anstoß auf dem Weg zu ihm hin. Er muss betreten werden −: dass der ›Historikerstreit‹, die Antwort auf den letzten plumpen Versuch der Zunft, mit dem Schreibtischlineal das aus der Nähe Erlebte einzuebnen, immerhin ein Streit wurde, zeigt die Empfänglichkeit –, dass aus dem Soldaten-sind-Mörder-Streit ein Streit wurde, die Notwendigkeit an. Einstweilen finden die Betroffenen den Provokateur Deschner *unseriös* und tauchen mit erbittert verknitterter Miene aus ihren Papierbergen auf, um auf ihre noch aus Kaisers-Königs-Edelmanns-Zeiten stammenden Redensarten zu pochen; das wird sich, mit Gewissheit und Notwendigkeit, geben. Zu den Entgeisterungen unserer Zeit gehört, dass es auch mit dem so geschichtsreichen Geist der Geschichtsschreibung ein Ende nehme – damit es mit ›der Geschichte‹ selbst ein Ende nimmt. Sie muss, die endlos alte, nicht nur vorübergehen, sondern vorübergegangen sein. Denn die Politik, die das Schicksal ist, lässt sie als Zukunft nicht mehr zu –: sie greift inzwischen, nach der aberwitzigen Expansion ihrer Mittel-Quantitäten, nicht mehr nur in die Schicksale von Familien, Stämmen, Völkern ein, sondern in das gesamte Kontinuum der Lebenssysteme, und kein Sandkorn bliebe unberührt, wenn sich das Semper-idem zu einer neuen Wiederholung anschickte. Es wäre seine letzte, alle Möglichkeiten des Schreibens, Lesens, Lernens überhaupt beendend.

Karlheinz Deschner hat sein Aufklärungswerk ›Kriminalgeschichte des Christentums‹ vor zehn Jahren begonnen und ist damit auf der Hälfte angelangt. Er muss, heute 73, sehr alt werden, um es zu schaffen. Dass er's werde und schaffe, ist den Geschichtsschreibern dringlich zu gönnen, uns Geschichtslesern zu wünschen.

Erinnerung an die Gegenwart
Eine »aktuelle Inszenierung« von Hebbels »Nibelungen«

Man hat sich ja längst ergeben daran gewöhnt, dass die Rheintöchter sich im Abendkleid aufführen und ihre Aktualität mit einem Sinnlichkeitsbegriff unter Beweis stellen, der sich an der Bardame orientiert –, dass sie auf Schränken und Polstermöbeln des 19. Jahrhunderts herumklettern oder im Bikini in einer mit dem Flussnamen etikettierten Badewanne planschen, je nachdem der Herr Chèreau oder der Herr Lehnhoff oder sonst Herr Irgendwer einen Einfalls-Anfall hatte –: man erträgt's mit jahrzehntegeschultem Gleichmut und ist im Theater heute jederzeit darauf gefasst, dass SA marschiert, wo man die Artriden erwartete oder einfach ›Volk‹, wie's überall zu finden ist –: warum nicht auch die ›Nibelungen im Frack‹ ertragen, die auch was ganz Anderes sind, warum nicht Hebbels ›Nibelungen‹ auch aus der ganz anderen Sicht des Herrn Flimm? Denn so sehr einem da, und wahrhaftig besorgt, die älteren Zeiten in den Vergleichssinn kommen, wo Maria Becker noch die Kriemhild spielte und der abgründige Bassist Hermann Schomberg den Hagen Tronje, zu schweigen von Minetti als Dietrich und Kortner als Etzel –: so atemberaubend sind die Mysterien des Heute-Theaters nun auch wieder nicht, dass nicht selbst jemand, der inzwischen am Stock gehen müsste, ihnen noch mühelos folgen könnte. Man hat sich den modernen Tasso an der Schreibmaschine vorstellen lassen; man hat die Hedda Gabler in der schlechten Gesellschaft des Herrn Zadek wie des Herrn Neuenfels gesehen, ohne die Bekanntschaft zu beenden: – sie haben's, die altvertrauten Bekannten, aus eigener Kraft überstanden, und man möchte ihnen nicht nachstehen. Ja, notfalls würde man, wenn einem denn danach wäre, sogar den Anblick aushalten, wie sich der Kupfer zwischen Stellwänden mit ›Stürmer‹-Plakaten an die Lustige Witwe heranmacht, nur dass man ihr den nun endlich voll gönnte und auch dann nicht eingreifen würde, wenn sie dabei zu Tode käme; nun, genug …

…und alles bekannt; das Theater steckt, so gut es davon auch lebt, unentwegt in einem Dilemma. Es muss mit Film und Fernsehen um die Wette laufen, um beim Untergang des Abendlandes nicht zu spät zu kommen, und da die beiden an Geläufigkeit im Trallala erstaunlicherweise immer noch unerreicht sind, sieht man's eben selten anders als außer Atem. Ihm geht die schlechte Luft ersichtlich aus, die es partout atmen will, und eine andere hat es nicht mehr –: wieso eigentlich gibt es nicht auf? Es will immer noch etwas sagen, seine einstmals andere Sprache sprechen; aber die Zunge hängt ihm sämtlich derart zum Hals heraus, dass kein vernünftiges Wort mehr zustande kommt, und das ist dann manchmal so ein erbärmlicher Anblick, dass selbst die Kontrahenten stehen bleiben und dem Mitläufer mit ihren frischen Kräften unter die Arme greifen. Und da wird es dann erst richtig schlimm: die Fusion beginnt; die verbliebenen Gegensätze werden für ein paar Stunden weggeblättert; die ›aktuelle Inszenierung‹ gelangt in ihr Element.

So denn am vergangenen Montag/Dienstag –: da hat das Zweite Deutsche Fernsehen jene ›Nibelungen‹-Zurichtung gesendet, mit der das Hamburger Thalia-Theater unter Anführung des Herrn Jürgen Flimm im letzten Jahr den 125. Todestag Friedrich Hebbels beging. Und hätte man nicht schon in aller Gefasstheit erwartet, was zu erwarten war, so hätte es der ›Spiegel‹ verdeutlicht, der für die Moden aller Art ein eigenes Kultur-Ressort unterhält und auf ihre Sternstunden achtet: ein *Stück Edel-Sperrmüll* deutscher Dramengeschichte kündigte er an, *Asterix und Obelix am Rhein*, einen *gewaltigen Schinken von 1860* – mit dem also eigentlich nichts mehr anzufangen war, hätte nicht Herr Flimm die Gewogenheit gehabt, *das Geschehen immer wieder in gelungenen Szenen zu Bildern zeichenhafter Deutlichkeit einfrieren* zu lassen. Alles beisammen, um die konsequent Verkehrte Welt, die die Bretter heute bedeuten, herzurichten: überlegener Spott für den alten Autor, der sich nicht so richtig auskannte und was ganz Falsches zusammengeschrieben hat (verbunden mit dem allgemeinen fürs Neunzehnte Jahrhundert, wie er unter den Ladenschwengeln des aktuellen Kulturbetriebs üblich ist) – und unterwürfiger Respekt vor dem Regisseur, der mit dem Plunder aufgeräumt hat und herablassend genug war, mit dem eigenen Ingenium auszuhelfen. Was noch fehlte, die dritte, speziell deutsche Regelbedingung, trug nach der Auszeichnung mit dem Hausorden »aktuell« die Fernseh-Ansage nach: da hatte es sich Herr Flimm natürlich auch nicht nehmen lassen, mit Hebbels Werk *an die jüngste Vergangenheit zu erinnern*. Also Klassiker-Theater, wie jahrzehntelang gleichmütig ertragen: – wozu der Lärm? Es fängt denn auch ganz konventionell an, zwar nicht mit der SA oder ähnlich jüngst Vergangenen, aber doch mit dem Reichsmarschall Göring und seiner unvergesslichen Stimme –: an die kann sich der Zuschauer noch eo ipso erinnern, während er bei den Nibelungen, die jener im Munde führte, nie so recht wusste wie, und so ist das unter den obwaltenden Umständen nicht nur eine geniale Variante im Einerlei, sondern auch noch ein raffinierter Schachzug: – wozu der Extra-Lärm?

Es gibt unter den vielen Abziehbildern des wiederkehrenden Gleichen das Eine, das für Alle stehen kann –: darum wird fürs Grundsätzliche dies hier genommen, und zwar beim Wort. Denn das ›Spiegel‹-Bild ist wieder einmal, um das geringste zu sagen, verkehrt; es ist alles ganz anders; bei dem *Edel-Sperrmüll* handelt es sich um eins der Großwerke der deutschen Dramenliteratur, um ein Sprachwerk ersten Ranges, und man möchte immerhin hypothetisch annehmen, dass eine leise Ahnung davon auch unter den Motiven des Herrn Flimm war, sich ihm zu nähern. Eine Ahnung davon hat jedenfalls die wenigen, die Literatur noch lesen können, bewogen, sich Herrn Flimm zu nähern –: Was er aus den Wörtern machen, den mächtigen, mythischen, was aus den eleganten der höfischen Rede, was aus den intimem, zarten, den unterbödigen? Wie wird er ihre Gleichnishaftigkeit umsetzen, die wie träumend in den Wechselreden umgeht, sie manchmal bis zur Schattenhaftigkeit verdunkelnd, – wie ihre Psychologie? Wie wird er gleich den ersten Szenen gewachsen sein, in der frühsonnenhellen Burghalle, von der aus sämtliche Motive sich entspinnen und die Episoden Stufe um Stufe in die Finsternis hinunterführen – wie wird er die ersten Sätze meistern, die im leichten, mutwilligen Parlando das Hauptthema hinwerfen und nach vielen kunstvollen Variationen bis in den Schlusssatz des Riesenwerks reichen? *Nun, keine Jagd? – Es ist ja heil'ger Tag! – /Dass den Kaplan der Satan selber hole, / Von dem er schwatzt. – Ei, Hagen, mäß'ge dich. – / Was gibt' denn heut? Geboren ist er längst! / Das war – lasst sehen! – Ja, ja zur Zeit der Flocken! / Sein Fest verdarb uns eine Bärenhatz. – / Wen meint der Ohm? – Gekreuzigt ist er auch, / Gestorben und begraben. – Oder nicht? – / Er spricht vom Heiland. – Ist's denn noch nicht aus?* Und so meistert es Herr Flimm: *Nun keine Jagd? – Es ist doch heil'ger Tag! / Was gibt's denn heut? Geboren ist er längst, / gekreuzigt auch, gestorben und begraben. / Ist's denn noch nicht aus?* Nun lässt sich natürlich nicht in extenso zitieren, was bei solcher Sprungtechnik im Folgenden passiert, sobald der erste Hinkjambus die Skrupel von der Bahn geräumt hat – : es geht bald immer kühner durch die Seiten; die Verse fliegen schockweise vom Tisch, ein Halbvers hier dazu, ein Viertelvers dort, und im Nu ist der ganze Text ruiniert: ein von Zeitraffer zusammengeknülltes Szenarium, das nicht nur den kunstvollen Episodenbau bis zur Unkenntlichkeit entstellt, sondern auch den sich unter der tragischen Moira unerbittlich vollziehenden Charakterentwicklungen keinerlei Entfaltungsmöglichkeit mehr lässt: ein literarischer Restteppich, dessen Fadenscheinigkeit ganz einfach daher kommt, dass zu rücksichtlos darauf herumgetrampelt wurde. Das greift dann auch konsequent auf die äußere Bewegungsregie über: nur kurze Zeit, und die Schauspieler stehen bloß noch mit gründelnder Miene im oft schlecht gelernten Text: ein Häufchen kläglicher Leute, denen man ansieht, dass sie bereits auf vielen Beerdigungen waren, und die Funeralmiene gar nicht erst ablegen, weil das nächste Trauerspiel schon in Sicht ist. Es kommt ja auch gewiss; die dramatische Klassik ist reich genug, um noch viel Arbeit zu machen; auch Rom ist nicht an einem Tag zerstört worden. Zwar hält das Fernsehen die Möglichkeit bereit, sie mit der Großaufnahme vor dem Desaster ihrer Unbeweglichkeit zu retten, aber nur um sie dafür ins andere ihrer leblosen Mimik zu stürzen –: das alles ist eine einzige Katastrophe.

Es geht hier um die Literatur und ihr Schicksal im Theater – und nur darum um das Theater. (…) Es geht um das Literatur-Schicksal im Theater, und es scheint als deutsches Trauerspiel besiegelt. Hat das Nein dagegen überhaupt noch Chancen? Herr Flimm, der selber sympathisch unmodern aussieht und erst die Aktualisierung durch einen Maskenbildner brauchte, um an die jüngste Gegenwart erinnern zu können, ist sicher ein ehrenwerter Mann. Das mögen sie alle sein, ehrenwerte Männer; sie können's nur nicht mehr. Sie können nur nichts mehr – nicht das geringste mehr von dem, was im so heruntergeblickten Neunzehnten Jahrhundert noch jedem Provinzregisseur selbstverständlich war, – nichts von dem, was der Hinaufblick zur Literatur einmal gelehrt hat. Auch wer partout der Ansicht ist, dass die klassischen Stücke nur noch auf den Kopf gestellt der verkehrten Zeit gemäß zu machen seien, sollte Selbstbestimmung genug haben, sich zu überlegen, ob es nach Lage der Dinge lohnt, sie auf den eigenen zu stellen statt auf den des Autors. Es müsste, Anfangsgründe, doch wieder etwas mehr gelernt werden – nicht nur der Respekt vor der Dichtung, sondern einfach auch die Dichtung selbst. Wie es da heute steht, hat unvergesslich Herr Zadek vor vier Jahren mit dem Satz zu Protokoll gegeben, er *habe reale Schwierigkeiten, ein Stück von Kleist von Anfang bis Ende zu lesen*: – sicher; aber deshalb müsste sich, bei so eindeutiger Beweislage, nicht jeder seiner Kollegen gleich als Zeuge zur Verfügung stellen. Dass man große Stücke kürzen muss, gilt als ausgemacht –: wieso eigentlich muss man? Sollen wir uns darauf einüben, demnächst auch Faust I+II in einer 45-Minuten-Abbreviatur zu ertragen, wenn das Fernsehen der Bühne weiter unter die Arme greift? Wann ziehen die Musiker nach und bringen den ›Ring‹ an nur einem gemütlichen Abend? Wann die Dirigenten, von denen doch auch sicher viele sich, heimlich noch zur Zeit, befähigt finden, statt bloß am Pult direkt gleich in den Noten ihre Selbstverwirklichung zu betreiben, hier die langweilige Durchführung zu streichen und dort dafür den Schluss mit eigenen Einfällen auszuwalzen, weil er ihnen sonst zu plötzlich kommt, oder die altmodische Posaune, die der ›Spiegel‹ dann zum Sperrmüll erklärt, durch ein Saxophon zu ersetzen? Das Theater verspricht uns in einem fort unterzugehen, wenn man ihm die Destruktions-Privilegien nehme, und die Kritiker, die es nostalgisch lieben, kuschen –: sollte man es vielleicht doch gehen lassen, ehe es ganz zu einer unangemessen aufwendigen Selbstdarstellung des Wortes Mumpitz geworden ist, – sollte man es, alles erwogen, vielleicht doch endlich bei diesem seinem kümmerlichen Haupt-Wort nehmen – und dafür die Dichter-Worte nur noch wieder lesen?

Man lese zum Beispiel – wieder? – den Schluss, einen der grandiosesten der ganzen Dramenliteratur, wo die barbarische Ordnung zerstört auf der Leichenhalde liegt und das Zeitalter sich mit der nächsten, christlichen, die nächste Zerstörung verschreibt, – und sehe sich dann an, was die Einfalls-Walze des Herrn Flimm, dem dieser Schluss zu plötzlich kam, daraus zu machen gewagt hat –: Gunther, bei Hebbel im Off niedergehauen, wird in Großaufnahme die Kehle durchschnitten, dass das Blut sprudelt wie im schlimmsten Zombie-Film, und Kriemhild vereinigt sich mit Hagen, während sie ihn ersticht, zu einem inbrünstigen Kuss. Aber Herr Flimm, der sich fraglos im Abgrund der menschlichen Seele zuhause fühlt, ist bloß in dem seiner Geschmacklosigkeit gelandet –: hier wäre denn, im großen Ruin des Werks, endlich auch der Kitsch erreicht, der noch fehlte, und das Theater heute wieder ganz bei sich selbst. Der Schlusssatz entfällt – und damit der, gar nicht untergründig genug zu lesende, Schlussstrich des ganzen Werksgrundrisses; ersatzweise versteht sich Herr Flimm aus eigener Eingebung und früheren Hebbel-Sätzen zu langwierig kadenzierenden Ausführungen, um anschließend seine Darsteller die Szene tiefsinnig mit Asche oder ungelöschtem Kalk zustreuen zu lassen, nachdem ihm offenbar die Hoffnung geschwunden ist, dass Gras darüber wachsen könnte. Aber das sei, wenden die Analphabeten ein, für die man die Literatur in Comics umwandeln muss, doch alles tief symbolisch; das sei doch Deutung – dessen, was der arme Autor zwar geschrieben, aber selbst nicht ganz begriffen habe … nun, wieso? Was sollen die dürftigen Kostüme sein – etwa zeitlos? Was all die schwer beweglichen Mienen uns zusignalisieren – etwa die sich selber tatenlos zusehende Menschheit? Oder die zunehmende Trauerarbeitslosigkeit der Deutschen? Oder gleich das Große Ganze einer Lemurengesellschaft, die bei ihren fuchtelnden Kapriolen nicht merkt, dass sie sich bereits im Grabe herumdreht? Man muss sich, wo nur Marginalien möglich sind, kurz fassen, und das sei denn getan: Es ist nichts mit den *Bildern zeichenhafter Deutlichkeit*; es handelt sich bloß um den gewohnten, im Theater so auffällig gern blutigen, Dilettantismus; es handelt sich, einmal mehr, um eine kriminelle Handlung gegen die Literatur.

Und damit zurück im Zorn. Hölderlin meinte ja, Gott vergebe, wenn einer *den Künstler höhnt und den tieferen Geist klein und gemein versteht* …; nun, man weiß es nicht. Was hier dem Werk Friedrich Hebbels angetan wurde, will einem zwar einigermaßen unverzeihlich erscheinen, aber man ist im Ertragen geübt und hat genügend sichere Erkenntnisse, um zu wissen, dass auch Hebbel die Tat unschwer überleben wird. *Man wird von ihm und seinem Adel sprechen, / So lange Menschen auf der Erde leben, / Und ganz so lange auch von seiner Schmach* ... Ganz so lange von dieser wohl kaum; sie ist zuletzt, im großen Weltreich des Ungeschmacks, nur ein Provinzbubenstreich mehr – vergleichbar dem schandbaren Faust des Herrn Grüber, mit dem das Fernsehen das Goethe-Jahr als leider erfolglosen Selbstmordversuch beging –, und soviel Zelluloid auch darauf verschwendet wurde, man kann auf ihren natürlichen Zerfall vertrauen. Tun lässt sich ohnehin nicht viel mehr – außer der habituellen Hoffnung aufs Morgen, wo vielleicht unsere Kinder ... und vielleicht ist ja jenes denkwürdige Kind schon geboren, das unseren Theater-Cäsaren dann aus dem Beiseite in aller Unschuld und Wahrheit zuruft: *Der Kaiser hat ja gar nichts an*! Schon ist die Gegenwart um, und man kann sich an sie als die jüngste Vergangenheit erinnern. Bis dahin muss Hebbel wieder bei bloßen Lesern sein Unterkommen finden, wo man's mit den aktuellen Zeiten nicht so peinlich genau nimmt. Er trägt einen schweren Ornat, der nicht mehr Mode ist. Aber Herr Flimm, und das ganze Theater heute, hat gar nichts an.

Ich mache Musik mit Buchstaben

Auszug aus einem Radio-Feature-Gespräch mit
Monika Buschey

*Monika Buschey: Er fühle sich allmählich ganz und gar wie
das Alte Testament in Person, schreibt mir Hans Wollschläger,
und dass er sich im finsteren Teil der Depression befinde: im
Winter nämlich, wenn das Grau der Wolkendecke auf ihn
herunterdrückt, steigen aus der Seele die Schatten herauf,
verdunkeln den Blick, lähmen die Phantasie und die Schaf-
fenskraft.*

Hans Wollschläger: Diese Geheimnisse sind so groß, dass
man sie auch mit einem Theoretischen Modell, wie es die
Analyse der Kreativität etwa ermöglicht, nicht voll löst. Es
wirkt so viel mit, nicht zuletzt Metaphysik, über die wir gar
nichts wissen und auch nicht wissen können, weil unser
Sinnen-Apparat dafür nicht eingerichtet ist – nicht zuletzt
diese Dinge machen einen – je älter man wird – immer
kleinlauter hinsichtlich der Wissbarkeit gerade solcher Dinge.

*Als ausgebildeter Musiker und Psychoanalytiker versteht sich
der Mann mit den vielen Talenten auf allerfeinste Schwin-
gungen. Seinen Ruhm allerdings hat er auf dem Feld der Literatur erworben. Als Schriftsteller und als Übersetzer. In jungen Jahren nannte er sich – frei von falscher Bescheidenheit –
den ›Statthalter der Sprache‹, darin seinem großen Vorbild
Kraus folgend, der mit hellem Geist und spitzer Feder vor
hundert Jahren in Wien regierte, kritisierte und richtete. Im
Goldrahmen hängt ein Foto von ihm in Wollschlägers Arbeitszimmer. Rum und Ehre, wenn von Hans Wollschläger die
Rede ist, bedeuten keineswegs, dass er auf dem Markt der
Eitelkeiten zu finden wäre. Was er schreibt, ist nicht in Mode,
und wer ihn mit nur oberflächlichem Interesse zu lesen ver-*

sucht, wird scheitern, wie einer, der in Hausschuhen ins Hochgebirge aufbricht. Bei ihm nämlich, er weiß es wohl und stellt es freundlich fest, kommen nur die wenigsten mit, er ist alles andere als mehrheitsfähig. In den 1970er Jahren, als er als genialer Übersetzer des ULYSSES von James Joyce gefeiert wurde, nannte ihn die FAZ eine Kultfigur für Eingeweihte. Dabei ist es im Wesentlichen geblieben. Als seine ULYSSES-Übersetzung gerade erschienen war, ist er viel gereist und hat daraus vorgelesen. Er fand begeisterte Zuhörer und Leser. Seine Übertragung des Jahrhundertromans des Iren James Joyce wurde als Neudichtung gewertet, als sprachschöpferische und wortmächtigste der deutschen Übersetzungsgeschichte. Wollschläger hatte sich tief hineingekniet und genau so lange gearbeitet wie einst Joyce an seinem vielschichtigen Buch: sieben lange Jahre. Ob als Übersetzer oder als der Erfinder eigener Geschichten: musikalische Elemente schwingen immer mit, wenn er sich auf dem Papier befestigt.

Der Einfluss auf das Schreiben selbst ist sehr groß: Ich mache Musik mit Buchstaben. Meine Sätze – und wenn ich schreibe, spreche ich jeden Satz ungezählte Male vor mich hin und biege ihn und füge Partikel ein, nehme Silben raus. Ich denke manchmal eine halbe Stunde darüber nach, um ein Adjektiv zu finden, das in diesem Kontext dreisilbig sein muss – weil ich ein zweisilbiges oder viersilbiges einfach nicht gebrauchen könnte, der Text würde an zu stolpern fangen. Das ist das eine, was man ganz normal unter Musik oder musikalisch versteht, dass etwas klingt, das etwas ganz bestimmten Wellenlinien des Rhythmischen folgt. Dieses Moment der Polyphonie – das eben bei Joyce auch versucht wurde in die Sprache hinüber zu führen – dieses Moment ist das wichtigste an der Musik überhaupt und dasjenige, was ich immer vor Augen habe, wenn ich einen Text schreibe.

Geboren ist Hans Wollschläger am 17. März 1935 in Minden in Westfalen. Er selbst mag es nicht besonders, wenn man ihm biographisch kommt, dabei fällt auf, wie sehr sich in diesem Lebenslauf das Stilprinzip seines Schreibens spiegelt – oder ist es umgekehrt? Jedenfalls gibt es auch in der Biographie viele Gleichzeitigkeiten, ein dichtes Nebeneinander von Interessen und Möglichkeiten. Mit fünfzehn Jahren fing der Pastorensohn an zu schreiben, die Musik selbstverständlich war da schon längst für ihn präsent, er studierte an der Musikhochschule in Detmold, brachte sich im Selbststudium Sprachen bei, nahm Privatunterricht im Dirigieren und schrieb mit dreißig Jahren eine erstaunliche Biographie über Karl May. Er ließ sich zum Psychoanalytiker ausbilden und übersetzte zwei Dutzend englische Romane ins Deutsche, bevor ihm der ULYSSES angetragen wurde. Sein schriftstellerisches Hauptwerk beschäftigt ihn seit vierzig Jahren.

Ich habe ein Prosastück, das man als Roman bezeichnen könnte, geschrieben, sehr umfangreich und noch immer nicht ganz erschienen, HERZGEWÄCHSE geheißen … Es wird ein Ich abgebildet, aber gerade in psychotischem Zustand der eingeschränkten Weltwahrnehmung, also eigentlich etwas, das im Konflikt steht zu dem Erscheinungsbild des veröffentlichten Romans, der von anderen gelesen werden soll: Es ist die Form des Tagebuchs, und es wird ganz streng darauf geachtet, dass nichts in diesem Tagebuch steht, was man nicht in ein Tagebuch schreiben würde. Das Verständnis ist außerordentlich erschwert dadurch. Nach einer Weile klingt aber der Generalbass, und die darüber liegenden Linien bilden absolute Musik, die gehört werden kann. Das haben mir unzählige Leser bestätigt, dass das tatsächlich einen Sog bildet, in den man sich hineinziehen lässt, so dass eine Spannung entsteht, wie sie jedes Erzählen enthalten sollte und dem Buch das Fortlesen sichert. Das ist mein Mittelpunkt, diese HERZGEWÄCHSE, und das Drumherum sind Marginale.

Seine Essays meint er damit, Randnotizen zum Weltgeschehen, von ihm so mühselig und sorgfältig gearbeitet, erzählt er, als sollten sie für die Ewigkeit halten. Sein Aufsatz TIERE SE-HEN DICH AN – ODER DAS POTENTIAL MEGELE etwa. Darin geht er mit scharfer Klinge gegen Tierversuche, gegen die Ausbeutung der Nutztiere durch den Menschen vor und vergleicht den industriellen Umgang mit Lebewesen, wie unsere Gesellschaft ihn praktiziert, mit den KZs der Nazis.

Ein Sprecher liest eine Passage aus TIERE SEHEN DICH AN: *... eine Greuel- und Grauensperspektive ohnegleichen, so weit die Erde reicht und die Welterscheinung von Menschenhand bestimmt wird. Wer in sie hineinschaut mit allen Sinnen, den seelischen wie den intellektuellen, auch jenen, die durch ein paar Lebensfreuden sonst noch leidlich ablenkbar sind, kommt am Ende um alle Fähigkeiten, seines Mitlebens froh zu werden –: Was in den Zucht- und Schlachtanstalten der so genannten zivilisierten Nationen geschieht, gehört, alles erwogen, zu dem wohl stärksten Verbrechen, das zurzeit auf Erden zu registrieren ist.*

Buschey: *Schreiben, sagt Hans Wollschläger, ist wie jede kreative Arbeit Kompensation: Es geschieht aus einem großen Schmerz heraus, ein lebenslanges Verarzten der eigenen Wunden. Darüber hinaus aber gibt es noch andere Motive.*

Es ist wohl so, dass selbst der allerkleinste Mensch mit der Grunddynamik der Evolution ausgestattet ist, aus der kleinen Zelle, die Ich heißt, zu expandieren. Jedes Ich möchte größer werden und auf sich hinweisen, Mittelpunkt sein. Das ist ein nicht zu unterschätzender Motivzug bei künstlerischen Arbeiten. Man schreibt in seine Bücher hinein, wie man beschaffen ist, und dann werden sie gedruckt und über das ganze Land ausgestreut wie so ein Regen, und die Leute, die ein Tröpfelchen abkriegen und so beschaffen sind, dass sie das als angenehm empfinden, die rufen dann auch: hier. Dadurch entsteht ein sozialer Dialog, der manchmal auch einen gesellschaftlichen Ausdruck findet, nämlich dadurch, dass jemand anruft oder Briefe schreibt und sich ein Kontakt entwickelt – bis hin zu Liebesbeziehungen –, also das Wort als Beschreibung des intensivsten Miteinanderumgehens, das unter Menschen bekannt ist. Das Schreiben ist vielleicht so im Grunde motiviert, dieses Sozialziel des Menschseins zu erreichen, durch eine Methode, die man eigentlich als die beste bezeichnen müsste.

Mit Skepsis hatte er in ein Gespräch eingewilligt, um dann ausführlich, mit Geduld und Charme, auf jede Frage einzugehen. In früheren Jahren, als er noch nicht fürchten musste, dass das Herz Schaden nähme, hat er beim Schreiben geraucht, erzählt er, vierzig Zigaretten täglich waren es mindestens. Und jetzt, wo ihm das Nikotin versagt ist, geht ihm alles viel langsamer durch den Kopf und von der Hand. Zum Alterungsprozess, meint der Dichter, gehöre übrigens auch, dass man sich auf die Grundsätzlichkeiten besinnt.

Wer nicht zu der Erkenntnis vordringt, dass alle Polit- und Sozialgeschichte nur ein Mittel und Umweg ist, um zur Kulturgeschichte zu gelangen, der macht eine falsche Politik. Daran halte ich fest, das ist ein Fundamentalsatz meiner ganzen Lebensauffassung, und ich denke, es ist so: Was übrig bleibt aus diesem ganzen riesenhaften Aufwand, diesen Myriaden von Handbewegungen und Quälereien, die ein menschliches Leben umfassen – was übrig bleibt, ist doch nur das kleine Atom, was es der Kulturgeschichte hinzufügt. Nur das wird auch im Gedächtnis bewahrt werden. Wenn man das alles striche, dann wäre Geschichtlichkeit überhaupt nicht möglich … Das reicht so sehr weit, dass ich denke, so ein apodiktischer Satz könnte ganz einfach eine eiserne Wahrheit sein: Die Kulturgeschichte ist das Ziel der gesamten Evolution. Das muss übrig bleiben davon, und das ist die Quelle auch der Tröstungen; das gilt eigentlich für jedes einsame, durch Beruf oder Lebensumstände einsam gemachtes Leben – dass es möglich ist, die Freundschaften über den Zeiten zu schließen, mit den Büchern, mit den Verfassern von Büchern, mit den Urhebern von Bildern, von Musik – etwas so riesenhaft Großartiges –: also mir erscheint das Leben nicht lebenswert, wenn diese Möglichkeit nicht wäre.

Das könnte schon fast ein Schlusswort sein, ist aber als Überleitung gedacht, als roter Teppich sozusagen für Arno Schmidt, der dem jungen Hans Wollschläger Ermutiger und Mentor war, einer, der ihm auf einem guten Weg vorangegangen ist. Vieles jedenfalls hat er von ihm annehmen können.

Die Zufriedenheit ist eine Gleichgewichtsstellung. Man muss sie erreichen, um in der Balance zu bleiben. Und Schmidt war nie in der Balance. Er hatte einen Arbeitsantrieb von solcher Zwanghaftigkeit, dass er in seine Bestandteile zerfallen wäre, wenn er dem nicht pariert hätte. Das mag bei großen Genies ihre Größe ausmachen, dass das so ist. Einer der letzten Sätze, die er geschrieben hat, schließt damit: Ist Fleiß nun eine Tugend oder eine Notwendigkeit. Ich kann nicht müßig sein, das hat er mir gegenüber so ausgedrückt, ich kann nicht müßig sein, das fand ich entsetzlich tragisch. Ich kann das. Ich habe keinen Zwang, etwas zu schreiben. Im Gegenteil, wenn ich etwas schreiben muss, denke ich mir: wieso habe ich das nicht verhindern können?

Erkennende Leidenschaft
Anmerkungen zu 1000 neuen Seiten über Gustav Mahler

Es gibt die Wahrheit, und es gibt die Wirklichkeit in den Nachrichten von einem Leben – und vielleicht im Leben selbst –: können beide in einer Biographie beieinander stehen? Sie haben jedes vielerlei Synonyme, Pseudonyme sogar; eins davon ist Dichtung und Wahrheit. Ein weiteres könnte Werk-Ich und Lebens-Ich zu scheiden versuchen, und manchmal stehen deren Erzeugnisse einander so befremdlich gegenüber wie Legende und Realität. Beider Dialektik meinte beruhigt Anton Webern, als er in einem Brief an Alban Berg die bleibende *Idee* vom verfliegenden *Tatsächlichen* sonderte; die Rede geht darin von des eben verstorbenen Gustav Mahler hinterlassenem Spätwerk, der *unerhörten* Musik …

Mahler, der den Künstler *zu einem Doppelleben verurteilt* sah und sich vor der Kollision immer fürchtete, war – und nicht nur zu Anfang seiner schöpferischen Erfahrung – der Ansicht, er komponiere sein Leben. Aber jeder, der seinem Werk nahe gekommen ist, weiß, natürlich auch sein neuer Biograph Jens Malte Fischer, dass damit nicht das Verfahren der Sinfonia domestica beschrieben war: Mahler schrieb seine Musik wahrhaftig nicht wie seine Frau Alma ihr Tagebuch, und der von ihm berufene *Parallelismus zwischen Leben und Musik* vollzieht sich außerhalb der Tage. Die sechste Symphonie, vielleicht das abgründigste Selbstbildnis, das die Menschheit je von sich gemalt bekommen hat, ist in seiner heitersten, souveränsten Lebenszeit entstanden, und die Neunte am Ende in einem Sommer, den er in tiefer Zufriedenheit *sehr schön* nannte … Mahlers Tod war nicht identisch mit dem Vorgang, der in der Neuen Freien Presse unter der Rubrik ›Was gibt's denn Neues?‹ gemeldet stand, sein *Leben*, das er meinte, jedenfalls etwas anderes als die Summe aller seiner äußeren und sogar inneren Umstände. Die Symphonien reden in ihrem Werk-Ich von Mahlers empirischer Person so wenig wie die Kindertotenlieder vom Tod seines Kindes.

Für jeden Biographen steht am Anfang seiner Arbeit die Überlegung, was er eigentlich zu beschreiben habe; die Geschichte von Tätigkeiten oder die von Taten. Das klingt überflüssig differenziert, ist es aber nicht. Die sogenannten Tat-Menschen sind durch Tatsachen-Biographien angemessen repräsentiert; gilt das aber für die Geist-Erscheinungen der Menschheit ebenso? Wäre Franz Schuberts Leben, in diesem Jahr 175 Jahre her, durch die Schilderung von Franz Schuberts Leben auch nur annähernd darstellbar? Dass Künstlerbiographien so oft fremd wirken und gleichgültig lassen, mag bezeichnend daran liegen, dass ›die Werke‹ darin nur ganz selten mitredend präsent sind: ist die Vergegenwärtigung des Lebens ihrer Gegenwart gar im Wege? Ist das Faktische, das die Biographik zu fassen bekommt, dem Blick auf ›die Wahrheit‹, auf das eigentliche Werk- und Wirkliche vielleicht ebenso im Wege, wie das empirische Mitleben es oft ist? Es gab nur wenige Zeitgenossen, die durch die wahrnehmbare Faktenspreu von Mahlers Tatsächlichem hindurchblicken konnten; Schönberg war einer von ihnen. Für die anderen standen die Tat-Sachen eher wie eine Barriere vor dem Blick.

Der neue Biograph Mahlers, Jens Malte Fischer, kennt das Problem zweifellos: er hat das Dilemma gesehen und sich trotzdem für die Sachseite der Taten entschieden – eines Komponisten, der ja tatsächlich ›auch‹ ein Tatmensch ohnegleichen war. Er erörtert mithin auch die Werke wie Sachen: eigentlich möchte er nur die Entstehungsumstände mitteilen, so merkt man, und wenn er sich auf Bemerkungen zum geistigen Gehalt einlässt, ist das, so merkt man ebenfalls, das kurzfristige Erliegen gegenüber einer Versuchung, in die ihn Liebe und Kennerschaft führen, die er sich aber bald wieder verweist. So bleibt die Geistesgeschichte Mahlers immer wieder offen in seiner Wirklichkeitsgeschichte Mahlers, bleiben die Werke – man muss das gleich zu Anfang feststellen – zuletzt eigentlich unbeschrieben in seiner Beschreibung. Zur Fünften Symphonie etwa lernen wir zwar sogar die ganze Verlagsgeschichte kennen, mit Pomp und Zirkumstanzen, nur das Werk selber nicht. Ist das wohlweisliche Absicht? Fischer spricht die Wörtersprache der Literatur fließend, nicht aber vielleicht die der Musik; da ist ihm oder hat er sich Zurückhaltung auferlegt, und wo ihm die nicht gelingt, wie etwa beim Abschnitt über das ›Lied von der Erde‹, möchte man doch manche Sätze lieber entbehren – in einem Buch, in dem sonst kaum Entbehrliches steht.

Denn Fischers Tatsachen-Biographie lässt ›tatsächlich‹, was die Tatsachen von Mahlers Leben betrifft, keinen Wunsch offen. Er hat das inzwischen riesige Material, das der Forschung zu erbringen gelungen ist, sorgfältig studiert und kompiliert, ja er hat es in glänzender Weise eingeschmolzen – nicht zu einem bloßen Urkundenkatalog, sondern zu einem wirklichen Text, der den Stoff mit solcher Souveränität handhabt, dass man ohne weiteres billigt, wenn er auf die gewohnte Herde von Gänsefüßen in seinem Gefolge verzichtet. So weit geht seine Verfügung über das Material, dass er bei Gelegenheit sogar das Schicksal selbst zensiert, nicht nur dessen Bescherungen: diese und jene der handelnden Figuren *macht Fehler* in ihrem Leben und in dem Mahlers, auch Mahler selber, und da wird Fischers Miene dann ziemlich streng – oder auch der Schauplatz eleganter Ironie, obwohl die sich gegenüber dem Schicksal eigentlich nicht gehört, weil es selber schon ironisch genug ist, wenn es seine Tragödien anzettelt. Bestehen bleibt aber immer, dass man sich in seiner Sympathie mit seinem Gegenstand zuhause fühlt und vertrauensvoll neben ihm geht, wenn er kritisch wird. Man kann eigentlich kaum liebevoller sein in der biographischen Souveränität, als er es ist; fast brüderlich mutet sein Umgang mit dem Leser bisweilen an.

Es lässt sich leicht vorstellen, wie das eigene Leben aussähe, wäre es für eine Beschreibung nur durch eine Hand-voll Briefe zu erschließen und durch die Zeugnisse einiger Verwandter und Bekannter: – welche Katastrophe für die Wahrheit! Fischer ist vorsichtig gegenüber dem Anspruch der Urkunde – und das nicht nur, weil er, psychoanalytisch geschult, weiß, dass Biographien – wofern nicht überhaupt nur Selbstbiographien der Biographen – nie mehr als Aufführungen eines Scharaden-Theaters sind: hochrational phantasierte Widerbilder einer verloren gegangenen Gegenwart, deren Wiederherstellung nicht gelingen kann und die desto künstlicher und defekter wird, je konkreter sie sich vergegenwärtigt. Das Problem des Biographen vor den Dokumenten ist ja u.a. dieses: er kann gar nicht genau genug sein im Detail – und zugleich auch gar nicht vorsichtig genug vor der beschränkenden Festlegung, die das Detail bedeutet. Fischers genaues und vorsichtiges Buch ist ein Dialog zwischen diesen beiden wie zwischen vielen eben angedeuteten Aspekten; es bildet ihn ab, und deshalb braucht es fast tausend Seiten.

Das objektive Dokument gibt es nicht, wohl aber objektiv disziplinierte Ausmessungen des Dokumentarischen, die seine Relativität abgrenzen. Fischer erörtert die Dokumente bisweilen so hartnäckig, als glaube er daran, nicht nur die Wirklichkeit, sondern auch die Wahrheit finden zu können. Immerhin findet er in ihnen oft eine verborgene Wahrheit oder eine verborgene Lüge. Seine Fähigkeit, so zu klären und zu gewichten, ist stupend. Wie er seine Tatsachen aushorcht, ihre Antworten hinterfragt und aufs klüglichste wiegt und wägt, das ist unbedingt seine größte Force. Er klopft die Dokumente ab; er stellt fest, wo sie Hohlräume haben und wo Substanz und welche. Vieles ›Tatsächliche‹ verflüchtigt sich dabei; viel Mögliches verdichtet sich zur Gewissheit. *Erkennende Leidenschaft* fordert Fischer als Verhältnis zu Mahlers Musik; leidenschaftlich erkennend jedenfalls ist, auch wenn es von der Musik nur nebenbei handelt, sein Mahlers Wirklichkeit gewidmetes Buch geschrieben – von unbedingter Wahrheitsstrebsamkeit; sie bleibt die Dynamik, die all die Tatsächlichkeiten versammelt. Rodin hat nur Mahlers Gesicht gesehen und war imstande, die Legende zu formen; von Mahlers Leben wusste er nichts, Mahlers Musik, Musik überhaupt kannte er nicht oder kaum. Die Geschichte um die Büste, von Fischer tatsachen-biographisch referiert, zeigt lehrreich, wie banal solche Sternmomente im Lebenslauf zustande kommen; sie ruft freilich auch die Frage auf, ob ihre Mitteilung einen anderen Sinn hat als lehrreich zu zeigen, wie banal sie zustande kommen. Man erfährt viel; aber der Sternmoment selbst bleibt in der Ferne.

Um eine seinem Gegenstand angemessene Polyphonie zu erreichen, verlässt Fischer gelegentlich die strikt chronologische Ordnung und bildet Themenblöcke. Das tut der Textspannung gut, auch wenn dadurch manchmal Überschneidungen und Doppelungen entstehen, wörtliche sogar. Große Historienmalerei entsteht dann: eine, die in Momenten sogar über die Tatsächlichkeiten hinausgelangt. Wien etwa, dieses unerhörte, aus bösen Spannungen provozierte Kraftfeld, Boden und Bodensatz der Unerhörten Musik überhaupt, nicht nur der Mahlers: Um handgreiflich zu machen, was auch Mahler dort zu leiden hatte, führt Fischer, im Fin-de-siècle zuhause und Autor eines vorzüglichen Essay-Buchs darüber, den ganzen Wiener vor, der net untergeht, und die ganze Epoche ringsherum; das sind wohlbekannte Strategien der Vermittlung, die einmal mehr großartig funktionieren. Sie zeigen freilich einmal mehr, wie unzeitgemäß Mahler zu seiner Zeit stand – jener wirkliche Mahler, den allein sein Werk bezeugt. Das berühmte *Meine Zeit wird kommen* traf ein, als diese ›seine Zeit‹ endgültig untergegangen war – und das war nicht nur, wie in der Prämisse des Satzes, die von Richard Strauss, dessen Untergang Fischer mit seltsamer Befriedigung herbeikonstatiert. […]

Die Leidens-Zeit – sie war in Mahlers Doppelleben natürlich auch der Ort seiner größten Triumphe. Der renom-
mierte Theaterwissenschaftler Fischer kümmert sich sehr
ausführlich auch um den Theaterpraktiker Mahler – nun
c'est son métier, und man lässt sich gern von ihm unter-
richten, auch wenn die Proportionen dabei ein bisschen aus
der Façon geraten. Natürlich hat er seine ganz eigenen Zu-
und Abneigungen – wie denn auch nicht? –, und wohl-
tuend ist daran, wie unvertuscht er sie mitreden lässt. Aber
wo bleibt Mahler? Sicher – Mahler ist da, sogar ›in seinem
Element‹:– ist er wirklich da in seinem Elementaren? Sicher – was gäbe man nicht darum, den Mahler/Rollerschen
›Tristan‹ von 1903 mit der Mildenburg, mit Schmedes und
Mayr zu sehen; es gehört das zu den Zeitreisezielen, die
man von der Zukunft erträumt. Man bekommt ihn ja fast
sogar vor Augen durch Fischers Vergegenwärtigungskunst,
so genau weiß er darüber Bescheid; aber die Inszenierung
des ›Fidelio‹ enthält mehr Wörter zugeteilt als die Uraufführung der Sechsten Symphonie, und irgend etwas stimmt
da nicht. Man erfährt viel – z.B. präzis die Bilanzen der
Hofoper; Strukturen und Funktionen des Instituts werden
vollkommen durchsichtig. Man erfährt viel – und möchte
manchmal sogar noch mehr erfahren, weil Fischer gar so
auskunftsfreudig ist, z.B. die Programme der von Mahler
dirigierten Konzerte. Bleiben sie unreferiert, weil der Biograph der Wirklichkeit auf einmal weiß, wie wenig er sich
mit ihnen noch in Mahlers Wahrheit aufhielte?
Das Dirigieren brauche er als Ausgleich, wird Mahler zitiert; fast meint man bei Fischer manchmal, es sei umgekehrt gewesen und das Komponieren der Ausgleich zum
Dirigieren. Der Interpret Mahler hat Epoche gemacht, über
das ganze Jahrhundert hin spürbar, und es gibt viel zu berichten über die von ihm auf einen Leistungsgipfel hochge-
peitschten Ensembles. Von seinem *Robespierre-Regiment* in
Wien spricht Fischer sogar: – stand, zur Abstrafung versa-
gender Mitglieder, auf dem Platz vor der Hofoper eine

Guillotine? Man sollte das Gewicht dieser faktischen Lebensleistung nicht zu hoch ansetzen: Auf den Programmen der Hofoper stand Mahlers Name nie; die Programme der Hofoper müssen vielleicht nicht überall stehen, wo Mahlers Name heute steht. Man sollte das Gewicht dieser Lebenslast nicht zu gering ansetzen; sie provozierte ja auch gewaltige Gegenkräfte. Aber ob man nun die Details der Verhandlungen mit Amerika alle unbedingt wissen muss, stehe dahin; in einer Tatsachen-Biographie müssen sie stehen, und nur in der Legende dürfen sie mit fünf Sätzen erschöpfend vertreten sein. Tatsächlich kommt auch die New Yorker Musikszene um 1908 durch Fischers Skizzierung hervorragend zur Anschauung: Mahlers Rolle in der Neuen Welt, die der Alten nicht das Wasser reichen konnte, ist noch nie in der Literatur so erhellend dargestellt worden. Sie war die Endstation einer Straße, auf der man manchmal ein stoisch schreitendes Verhängnis an sein Ziel gelangen sieht – warum? Weil soviel *Stückwerk, Unvollendetes: wie es dem Menschen bestimmt ist* (Mahler) hinterblieb? Aber der tragische Zug in Mahlers Leben liegt weder in den Störungen, die eine enorme Karriere erfuhr, noch in der Verstörung darin, die ganz gewöhnliche Mittlebenskrise war und keine andere Ursache hatte als die Einsichten des Alterns und in das Altern. Seine Musik redet auch davon – wie von Allem, was *dem Menschen bestimmt* ist; aber wenn sie zuletzt eine Welt alt werden, untergehen sieht, so ist es jene, die von den Bühnenbrettern der Oper auch der Oper nur bedeutet wird

Wer einen Begriff davon hat, was alles jenes *Doppelleben* zu bedeuten hat, beneidet den Biographen nicht, der allein mit dem Tatsächlichen auskommen muss. Darf die ›Legende‹, an der alle Lebens-Bewegungen mitarbeiten und neben der sich die Wirklichkeiten am Ende als bloß Akzidentien ausnehmen, immer sozusagen in den Lücken zwischen den Dokumenten stehen bleiben, so bringen die Dokumente selber, durch ihre Wirklichkeitsnähe ganz anders bewertbar, eine erhebliche Beweislast mit. In deren Mitte steht das Material, das nur durch jene Person tradiert ist, vor deren Teilnahme an Mahlers Leben man heute noch erschauert. Das Weibs-Bild Alma ist allgegenwärtig in Fischers Buch, nicht nur als Lebensgefährtin des Protagonisten, sondern als Überlieferungsquelle, und diese Quelle ist, gelinde gesagt, trüb; ja man überspitzt nur wenig, wenn man feststellt, dass man ihr eigentlich gar nichts glauben kann, wenn man ihre fließende Leichtigkeit im Lügen kennt. Sie produziert um kleine Wahrheitskern herum Anekdoten, pointiert, klischiert, und der Kreisbogen ihres egozentrischen Horizonts begrenzt und verändert entstellend fast alles, was sich zuträgt. Sie hat auf diese Art ein schönes, zauberhaft leicht getuschtes, gleichsam aquarelliertes Buch über Mahler zustande gebracht; nur freilich ist ›die Wahrheit‹ darin kaum zu finden – und Mahlers Wirklichkeit erschreckend schon gar nicht.

Selbst bei unmittelbar geschriebenen Tagebuch-Eintragungen passiert dem Ereignis auf seinem Weg durch Almas Sinnesorgane aufs Papier mit Sicherheit allerlei, meist etwas Katastrophales, und wenn man einmal zusammenstellt, was alles an angeblichem Wissen über Mahlers Leben von ihr stammt, und es beiseite nimmt, als möglicherweise so unwahr wie der Teil, der mittlerweile entlarvt ist, so wird einem doch angst und bange vor der Menge und der Möglichkeit. Vielleicht versteigt sich Fischer deshalb zu so beredten Rechtfertigungen, weil er ohne Almas Mitteilungen arm dastünde in Mahlers Leben. Er möchte ihr (fast) alles verzeihen lassen, um alles verstehen lassen zu können: ein letzter Verzauberter dieser Sphinx, die – was immer außen und äußerlich – in der Mitte eine Schimäre bleibt. Manchmal hat man fast den Eindruck, als müsse er, als advocatus angeli, die Eheschließung rechtfertigen, ja als sei er verantwortlich für die Katastrophe, die sie wurde und war: *Wäre alles normal gelaufen … Eigentlich …*, und der ›Paradeabend‹ *hätte besser nie stattgefunden, war auch kei-*

neswegs dringend nötig. Aber er weiß natürlich auch, dass niemand tiefer in Almas Wahrheit eingedrungen ist als Mahler selber – als Schreiber jenes ungeheuren Briefes vom 19.12.1901, der nicht nur *wohl der wichtigste ist, den Mahler je an Alma geschrieben hat*, wie Fischer sagt, sondern entschieden *der wichtigste, den ich Dir vielleicht je zu schreiben habe*, wie Mahler selber sagte, und die gewichtigste Selbstdarstellung, die wir von Mahlers Hand außerhalb seiner Partituren haben.

Das eine ist Almas Rolle als Zeugin von Mahlers Leben, das andere die als dramatische Person darin. Fischer, der eine Aufgabe darin sieht, auch Alma gerecht zu werden, und mit Mahlers Einschätzungen der *Launen* seiner Frau nicht einig geht, erörtert diese Launen mit einem Verständnisaufwand, als gelte es, ihre Biographie zu schreiben. Er stellt die Ehejahre 1902-07 sehr problematisch hin, weil die verehrungsverwöhnte Person ewig unzufrieden war, liebesunfähig dazu, gelangweilt vom Leben und leer; vielleicht war sie ja wirklich auf ihre Art sogar ›unglücklich‹ – was soll's. Mahler brachten sie eine so konzentrierte Produktivität, wie er sie noch nie gekannt hatte: Die Villa war gebaut, das Ehebett gerichtet, und oberhalb von beidem, wörtlich zu nehmen und am wichtigsten, im Wald der Isolation, stand das Arbeitshäuschen, in dem fast jeden Sommer eine der großen Symphonien entstand, bis hin zur Achten. Alma war ein Motor, fraglos, durch was auch immer, aber sie wollte nicht antreiben, sondern selber angetrieben sein.

Sie fühlt immerzu irgendwas und sich irgendwie, wenn er arbeitet; kommt der Geist über ihn, so findet sie sich entfremdet – ja, was sollte sie denn auch sonst wohl gewesen sein dabei? Der Biograph gibt ein bisschen zu häufig zu verstehen, dass Mahler die Arbeit dann halt hätte unterbrechen und sich um ihre Nervenkrisen und Zustände hätte bekümmern sollen. Müsste, wer dabei ist, die Nöte der Menschheit zu formulieren, in den Tiefen seines intellektuellen Interesses für die einer nur um sich selber trödelnden

Narzisstin mehr als nur flüchtige Teilnahme aufbringen? *Immer wieder steht man konsterniert vor seinem Mangel an Einfühlung, Fingerspitzengefühl und Weltläufigkeit ...?* Nun, nein, nicht unbedingt. Ihr immer wieder im Tagebuch einbekanntes Fremdheitsgefühl gegenüber Mahler: nun ja, wie denn wohl nicht! Wer mit dem Weltgeist auf dem Duzfuß sein will, muss mehr einbringen als die Ich-Sucht und Ach-Unseligkeit einer Zwanzigjährigen. Ernster gesagt: Mahler hat ›natürlich‹ nie eine geistige Gemeinschaft mit ihr gehabt, und er hat gewiss daran gelitten wie sie, d.h. an sich selber leiden müssen wie an sich selber sie. Er hat, natürlicher Weise, überhaupt nie eine geistige Gemeinschaft mit irgendwem gehabt, und wer in seiner Umgebung von seiner Musik gepackt wurde, der konnte sie, die Gemeinschaft, vielleicht einen Moment lang ahnen, sie leben aber ja sicherlich nicht. Den Freunden, die Mahler hatte, widmet Fischer viele Seiten; es kommt zuletzt heraus: er hatte keine.

Am Ende seiner aufwendigen Analysen weiß Fischer, was schon Siegfried Lippner wusste und Mahler selbst nicht nur erst durch diesen Freund: Alma Schindler war weder als Künstlerin noch als Intellektuelle noch als nicht ausgereifte Persönlichkeit die Frau, die ihm taugte. Er könne nur eine schöne Frau lieben, hat diese nicht ausgereifte Persönlichkeit Mahler in den Mund gelegt, was vieles bedeuten könnte, wenn es denn wahr wäre –: war sie, wenn auch sonst nichts, wenigstens das – ›schön‹? Sie war es, jedenfalls nach dem Zeugnis von Canetti oder Krenek oder beliebig Anderen, nicht sehr lange, und für den Rückblick auf Mahlers Geschichte ist sie heute so hässlich geworden, dass die bloße Tatsache ihrer Jugendattraktion in seiner Wahrheit nur einen transitorischen Platz behält. Fischer wirbt mit sehr vielen Wörtern darum, Alma *in einem anderen Licht zu sehen, als dies bisher meist der Fall war.* Da das dumpfe Funzel- und Fusellicht, in dem der Rezensent sie sieht, im Buch selber zitiert und kritisiert wird, ist die längere Wiederrede nicht statthaft: er und der Autor haben dieselben Dokumente gelesen, aber eben Verschiedenes daraus sprechen hören. Einig sind beide jedenfalls am Ausgang der Geschichte: da war Mahler nämlich tot.

Almas Teilhaberschaft an Mahlers finaler Krankheit ist umstritten. Fischer erteilt dem immer wieder behaupteten Zusammenhang einen strengen Verweis, und erführt eigens den Typhus aus den Buddenbrooks ein, um mit ihm auch Alma als nicht zutreffende Todesursache wieder hinausweisen zu können: *Mahler ist weder an Typhus noch an Schwindsucht gestorben, auch nicht an der egoistischen Brutalität seiner Ehefrau, wie immer noch und immer wieder behauptet wird* …: schon recht; er ist an einer septischen Endocarditis gestorben. Aber die Frage, woran Mahler gestorben ist, als seine Abwehrschranke zusammenbrach, ist kleiner als die, wodurch denn seine Abwehrschranke zusammenbrach. Leider ist schlecht überliefert, was er in den Stunden bei Freud in Leiden gelernt hat; es dürfte ein endgültiger Blick in den Abgrund gewesen sein und selbst bei diesem Intellektuellen einen Verdrängungsdruck erzeugt haben, der nur noch die somatische Sprache übrig ließ. Die aus dem katastrophalen Sommer 1910 mitgenommene Angina war selbst vom Triumph um die Uraufführung der Achten nicht zu überwältigen: ja, sie flammte bezeichnend durch ihn erst eigentlich auf – um alsdann in den Untergrund zu gehen.

Jeder verständige Arzt heute weiß, dass bei ›Angina‹ (wie bei der pectoris, die bei Mahler in der Todes-Symptomatik auftaucht) zuerst an die würgende, luftabdrückende, beklemmende Enge zu denken ist, die den Namen gegeben hat. Sie enthält auch hier eine Botschaft, hoch über dem Fakt, dass die Streptokokken das Genie nicht respektieren (was im übrigen auch die übrige Welt nicht tut, die für die Krankheiten zum Tode sorgt): Fischer, der sich gut unterrichtet hat und sich in seiner *pathographischen Skizze* durchaus mit Autorität weit vorwagt, kann sich schließlich

110

nur noch *wünschen*, dass Mahler nichts gewusst habe vom
Fortdauern der revoltierenden Affäre seiner Frau –: nun, er
hat es ›gewusst‹, so ließe sich behaupten, mit nicht weniger
Gründen, als sein strenger, hier auf einmal erzitternder
Biograph dagegen aufbietet. Man könnte mit ihm über
diesen Topos in Mahlers Tatsachenleben leicht verhandeln
– um ihn dann freilich einfach zu den Möglichkeitsakten
zu legen, weil das Objektive im Faktischen nicht zu gewinnen, die Wahrheit nicht zu haben ist.
Hämorrhoiden, Migränen, Mandelentzündungen: Fischers
Erörterungen zeigen streng und genau, was alles zur Großen-Biographie gehört – und wie wenig es, als Erdenrest,
zu tragen peinlich, eigentlich zur Großen-Biographie gehört. Tatsächlichkeiten aller Art geraten so in die Reichwei-
te unserer Augen; die Wahrheit nicht. Wie schön aber doch
an der Grenze das Kapitel über Mahlers Physiognomie und
Körperlichkeit, mit dem das Buch – gestützt auf Alfred
Rollers präzise Überlieferung – anhebt; jede Biographie
sollte so beginnen. Von selber erledigt sich, was Alma sich
immer wieder gesagt hat oder sich angeblich sagen ließ, das
Gerede über den *degenerierten alten Mann*, den *hässlichen,
alten, total unmöglichen Mann*. La belle est la bête: es ist
wahrhaftig nicht einzusehen, wieso ein leistungssportlicher
Anfangvierziger, der *einen tadellos schönen, kräftig-schlanken
Manneskörper besaß* (Roller), als Endvierziger auf einmal alt
und hässlich gewesen sein soll; die Fotos belegen das nicht.
Fotos können das berufene *Doppelleben* durchaus, wenigstens im Abglanz, bewahren; die von Moritz Nähr etwa
zeigen, mitten im Foyer der Oper, den wahren Mahler,
nicht nur den wirklichen.
Wenn immer wieder wichtige Denkmäler auf den tausend
Seiten für Mahler errichtet stehen, so auch schlimme, dort
nämlich, wo die Zeitungskritiken mit auf den Sockel müssen, der im Handumdrehen zum Pranger wird: als später
Rächer erledigt Fischer die bösen Wichte von einst, die Karl
Kraus vergessen hat, und er tut es, wie Karl Kraus es zu tun

gelehrt hat: durch bloßes Zitieren stößt er die Tiere aus der Tiefe in die Tiere zurück, munitioniert aus den Dokumenten, die es noch gibt, weil es Mahler gab.

In der frühen Mahler-›Literatur‹ hat auch die Grundsteinlegung von Klischees stattgefunden; sie haben ihr Vokabular gewechselt, aber schwerlich ihren Sinn. Fischer hat sie sorgfältig durchforstet und durchforscht: die Redensarten von der Trivialität, die vom Wollen-und-nicht-Vollbringen, die von der Kapellmeistermusik ... Es ist einmal mehr die alte Geschichte von dem Stein, den die Bauleute verworfen haben. Der Hass gegen Mahler, antisemitisch grundiert von Anfang, bleibt erstaunlich; die *druckfrischen Schmutzkübel* von einst machen einem heute noch übel: veritable Tischvorlagen für das Jüngste Gericht. Warum den Menschen des Ersten Ranges auf Erden widerfährt, was ihnen auf Erden widerfährt, mag man sich vielleicht von Wilhelm Reich sagen lassen; es ist das freilich ein exterritorialer Zusammenhang. Wien, eine Petrischale für den Antisemitismus, bewahrt jedenfalls noch heute in seinem Mahlerbild die Nachspuren des alten Unrats.

Das Fernbleiben der Werke in dieser Biographie, ihr Fehlen geradezu, heißt nicht, dass von ihnen nicht gehandelt würde. Die Achte Symphonie, ein zur Herstellung von Festlichkeitsgefühlen benutztes, deshalb verdächtigtes, deshalb oft geschmähtes Werk, findet in Fischer einen beredten Apologeten: er sieht sie, unisono im Bündnis mit Mahler selbst, als Ziel- und Höhepunkt, den *großen Freudenspender* hoch über aller bloß *subjektiven Tragik*. Seltsamerweise meint er *unbestreitbar flachere Passagen* darin entdecken zu müssen, und die Fraktur findet er *reduziert*: dies Urteil werde ihm freilich bestritten. Tatsächlich – ja, ›tatsächlich‹ – findet in der Achten eine hochbewusste Rückbildung des musik-sprachlichen Baustoffs ins archaisch Elementare statt, die es erst ermöglicht, auch im Material wie im Gehalt die kantige Verssprache des Bischofs Rhabanus mit Goethes Altersstil zu verbinden. Wie Mahler diese in der Tat höchste seiner Konzeptionen, die monothematische Botschaft ›in einem Satz‹, in dem die Großformen der beiden Sätze schließlich wie ein riesiger Parallelismus membrorum dastehen, ohne Verleugnung des mit dem Anbruch des 20. Jahrhunderts erreichten Zeitstands der kompositorischen Verfügung gelang, bedarf noch weiter der ästhetischen Größenwürdigung – weiter auch gegen die Einsprüche Hans Mayers, der bei seiner Mahler-Befassung aber immer inkompetent blieb und von Adorno gebührend abgestraft wurde. Die um den Zentralton, das große ES, schwingende Quarte wird wie ein spätmittelalterlicher Modus behandelt: erste Erscheinung der gänzlich neuen Materialbildung im Spätwerk und von diesem her zu verstehen.

Mit der wachsenden Präsenz der Werke in Mahlers Leben nimmt greifbar auch die Ohnmacht der Fakten darin zu, es darzustellen. Das Tödliche, das sich Mahler im Tatsächlichen nähert, ist im Wahren des Werks längst vorgebildet, und der Biograph gerät immer stärker in Verlegenheit, mit der Sphäre des Tatsächlichen auszukommen. Das Spätwerk stellt die Wörter überhaupt ins Unzuständige ab. Deutlich wie nie stehen die beiden Hälften des *Doppellebens* einander gegenüber, zu dem sich Mahler *verurteilt* sah –: welche hätte die Autorität, seine Erscheinung zu erklären? Fischer findet, dass ein *Klischeebild* sein müsse, was in der Mahler-Literatur über die Todesnähe der Neunten Symphonie geschrieben steht, weil er nicht übereinstimmt mit dem *Eindruck, den wir von Mahler im Toblacher Sommer 1909 gewinnen*: – vielleicht sind die Antennen, mit denen Wir diesen Eindruck empfangen, nicht richtig ausgerichtet? An solchen Stellen wird man dem Biographen des Tatsachenlebens ein bisschen gram – bei mehrerem noch, was er über Mahlers Spätwerk vorträgt, und man hält sich lieber an die unvermittelte Lektüre der späten Partituren. Sie macht das Leben Mahlers bis weit hinein in die Handlungsbezirke der Meta-Physik lesbar; im unendlich Allgemeinen dort gehe die Tragödie vor sich, die im Tatsächlichen nur unpassend wirkt, absurd ungehörig vom Schicksal, und jedenfalls inkongruent.

Adorno sah in den Zügen der Totenmaske, als er sie 1960 in der Sezession erstmals sozusagen leibhaftig zu Gesicht bekam, den Blick vom Berge Nebo: das gespiegelte Versprechen der Transzendenz. Es zu beschreiben, fand er unmöglich; er ging mit einem Begleiter danach wohl eine Halbestunde lang ohne alle Wörter durch die Stadt. Ist es bezeichnend, dass dem Tatsachen-Biographen diese Urkunde unleserlich erscheint? Sie ist, als gleichsam ein Faksimile Mahlers, das ohne Vermittlung durch einen Zeugen redet, ein Dokument der Grenze: in höchstem Grade wahrheitsauthentisch, aber doch eben im Wirklichen greifbar. Der Biograph kann auf die Wörter nicht verzichten; das Kapitel über Mahlers Sterben und Tod zeigt jedoch auch, zu welcher ideal gefassten Distanz dieser Biograph fähig ist. Er muss sich ein bisschen überheben, um das hinzukriegen, aber nirgends ist er zugleich – als Überlebender – demütiger, und nirgends lässt er deutlicher erkennen, wie zart und behutsam jeder seiner Gedanken über seinen Gegenstand war und ist. Mahlers Tod war eine Zeitenwende; noch heute empfindet sie so, wer sie in seiner späten Musik sich vollziehen hört. Josef Bohuslav Foerster hat beschrieben, wie fassungslos er das Weitergehen des Lebens in den Straßen Wiens in den Tagen nach Mahlers Tod registriert habe. Wer von der Neunten Symphonie mitgenommen wird, kennt dieses Gefühl: er ist unsicher, was das sei, was ihn nach der Lektüre oder dem Hören umgibt, und dass ihn weitere Musik umgeben könnte, wird für einen atemanhaltenden Augenblick unfassbar. Es ist das der umbrechende Moment, wo das eigentlich Wirkliche vergeht und die Biographien beginnen.

Die Neunte Symphonie, unmittelbar nach dem Gangsterstaat in Deutschland noch auf länger verschollen, als dieser selbst dauern musste, ist heute überall hörbar wie das gesamte Werk Mahers auch; es ist, wie man so sagt, ›durchgesetzt‹. Aber diese Durchsetzung hat etwas Unheimliches behalten, und Fischer befasst sich am Schluss seiner Tatsachen-Untersuchung in angemessener Unruhe auch mit dieser. Wenn es nicht den Beiklang der Überhebung haben müsste, wäre zu konstatieren, dass Mahlers späte Musik viel zu komplex ist und bleibt, als dass sie ›Gemeingut‹ werden könnte; wo sie als solches behandelt wird, steht ein Missverständnis zu argwöhnen oder ein fauler Zauber der Kulturbetriebsamkeit. Es mag leicht so sein, dass es ein vorübergehendes Privileg ist, noch in Mahlers Gegenwärtigkeit zu leben; sie ist endlich, wie sein Leben es war. Das verschwindende Abendland wird ihn, der es noch einmal vollkommen formuliert hat, wohl mit sich nehmen …

Adornos Monographie von 1960 bleibt das erschließende Werk zu Mahler par excellence, ein Glücksfall ohnegleichen. Jetzt ist ihr eine faktenbiographische Arbeit an die Seite getreten, die auf ihre Art für lange Zeit ohne Vergleich bleiben wird: ein überaus kluges, souveränes, wunderbar liebevolles Buch insgesamt; die Mahler-Literatur ist reicher geworden. Nur an seinen Rand setzt die Kritik ein paar Fragezeichen; sie soll nicht infrage stellen, sondern eher unterstreichen, dass es ein hervorragendes Buch ist, dem sie gilt. Tatsächlich lassen sich zu einem Werk dieses Kalibers nur ein paar Anmerkungen machen, Pfeilzeichen an seinen Rand; auch als Fragezeichen bleiben sie jedenfalls Hinweise auf eine fulminante Arbeit: Dieses Buch ist eine wahrhaft helle Freude, auch wenn es zuletzt von einer Tragödie handelt, die noch heute Furcht und Mitleid erregt. Die Weisheit eines Evolutions-Initiators, an den Mahler glaubte, ist bei Mahlers Schicksal kaum zu bewundern: er starb auf dem Gipfel seiner Kräfte. So ist das Buch nach fast tausend Seiten jäh zu Ende. In jeder Hinsicht bleibt zu bedauern, dass es nach tausend Seiten zu Ende ist.

Porträtfoto 1987.

Warum und zu welchem Ende

Einige Randbemerkungen für Wolfgang Beutin zur Resignation

WIR gehören, lieber Wolfgang, einer ganz eigenartigen Generation an, und dass sie insgesamt, mit Dir und mir, auf einmal die »Altersgrenze« erreicht hat und »in den Ruhestand« geht, ist ein verstörender Vorgang und macht mir ganz wunderliche Gefühle. »Resignation« heißt das auf Altmodisch und zweideutig genug: – wovon denn resignieren wir, und auch: wovor? Sie hat vieles erlebt, diese unsere Generation, und je länger ich nicht nur über ihr Erlebtes, sondern über ihre Art des Erlebens nachdenke, desto sonderlicher vor anderen, die ich kenne, wird sie mir; ja, es gibt Augenblicke, wo sie mir regelrecht »einzig« vorkommt. Das ist sie nun nicht, weil wir zu ihr gehören, obwohl wir gut und gern auch ein sozusagen Naturrecht hätten, sie deshalb zu überschätzen; wir gehen nach dem alten Muster beiseite, um Platz zu machen, und dass auch unsere Werke uns nachfolgen, steht kaum zu ändern. Sie ist es, einzig, auch nicht, weil wir uns in jenem vielgeschätzten Sonderstand der Spätgeburtsgnade wähnen dürften: alt genug schon gewesen, um noch in der Katastrophe der Zwölf Jahre zu wurzeln, und jung genug noch, um an ihr nicht mitschuldig geworden zu sein. Aber mit dieser Katastrophe hat es zu tun wie mit unserer Alters-, besser Jugendgrenze zu ihr hin: WIR waren die Generation, die in genau dem Moment zu denken begann, als der Gewaltige Fall geschah, zu dem der Geschichtsgeist laut und leer wie nie sein »Bumsti!« rief. WIR waren, als denkende Wesen, die eigentlichen Kinder der Katastrophe, erzeugt von ihr, genetisch definiert und geboren.
Die Katastrophe … aber damit meine ich nicht die Diktatur als Erlebnis, die Kriegszeit, schließlich Untergang und

117

Zerstörung. Wohl haben wir das alles erlebt, und es brachte wahrhaftig Entsetzen genug: »das Schrecklichste«, heißt es im »Jahr in Güstrow«, dem ersten Deiner beiden Erinnerungsbücher, die ich besonders liebe, weil sie sich so vieler Dinge auch aus meinem Leben erinnern: die »unvorstellbare Wirklichkeit« … Zu ihr gehörten zuletzt auch die 55 Millionen Leichen, die unter dem Strich blieben, und selbst sie meine ich nicht –: selbst sie verschwanden vergleichsweise leicht hinter dem zynischen Argument, das Diktatoren und Kriegsführer seit eh und je den Gesetzmäßigkeiten des Weltlaufs angeschaut haben und das der nüchterne Historiker mit ihnen teilen muss: dass »die Natur« schon nachfüllen werde … Nein, ich meine jene andere Katastrophe, vor der die hinterbliebenen Ruinen und Totenberge nur als Metaphern lagen, jene, deren Fakten vom Schutt nur zusätzlich vertuscht waren und erst ergraben werden mussten, entziffert und übersetzt: jene Katastrophe, die den bisher brutalsten Angriff auf die Zivilisation erst hatte möglich und wirklich werden lassen, das schlechthin »unvorstellbare« Attentat auf die menschliche Gesittung, das in einem halben Dutzend Jahren zunichte machte, was in einem Dutzend Jahrtausenden an menschlichen Benehmensregeln ausgebildet worden war …

Die Einzigartigkeit dieser Katastrophe hatte, meine ich, unmittelbar mit unserer Generation zu tun: sie zum Mittel- und Bezugspunkt all unseres Nachdenkens über Gott und die Welt zu machen, war darum für uns bezeichnend. Während die uns umgebenden Jahrgänge sie, mit unterschiedlicher Motivation, aus ihrem Leben herauszubringen suchten, wollten wir sie hereinbringen in seine Greifbarkeit, um sie selber begreifbar zu machen. Wir kannten sie nicht, aber wir spürten, dass sie keine Episode darin war, sondern seine Basis: sie ging nicht als Mittenriss hindurch wie durch das der Väter, flickbar, wie auch dürftig, mit Lebenslügen; sie war auch nicht das prähistorische Ereignis wie bei unseren Nachfahren, das jede neue Gegenwart in größere Entfernung vom Wirklichen rücken durfte; sie war der unmittelbare Urknall unserer Existenz, das Fundament, auf dem wir standen und wuchsen, und was das wirklich hieß, fordert immer noch, vielleicht zu leisten erst von späterer Zeit, Beschreibung und Erklärung. Es forderte damals: Abgrenzung wie noch nie gegen die Generation der Väter, der inzerten Erzeuger dieser Katastrophe. Vielleicht hat noch keine Generation sich von ihnen, den jeweils ihrigen, so radikal abgewendet – und ein so unbedingtes WIR gegen ihr Komplizität gebildet wie die unsere; – ich würde, könnte ich Schicksalsgenossen der Geschichte befragen, um ganze 300 Jahre zurückgehen, zu den Erben des 30-jährigen Krieges, um vielleicht etwas Ähnliches zu erfahren. Wir mussten uns selbst erziehen, und während wir das abseits taten, hatten die Väter die reale Macht erneut ergriffen und waren voll mit sich beschäftigt: – zu unserem Glück? Wir bekamen nichts geschenkt, nichts ordentlich ausgehändigt und übereignet vom uns noch unbekannten Erbe; Gut und Böse waren uns bei der großen Explosion ungeschieden als Schutt vor die Füße geflogen, und wir mussten, wie gesagt, graben, um zu finden. Das bewirkte vielleicht das unvergleichliche Maß an Entsetzen zum einen, das uns bei unseren Befunden befiel; es bewirkte aber auch das ebenso unvergleichliche Maß an Entdeckerfreude, das uns zum anderen beschieden war: – ich habe die Wirkung der Erlebnisse »Bildung« und »Erkenntnis« seither Jahr für Jahr an unseren Nachfahren beobachtet und nie wieder so hell und groß stattfinden sehen wie bei uns. Wir lasen alles »wie neu« und »wie am ersten Tag«, weil unsere voll mit sich beschäftigten Grundlehrer uns noch nicht wieder mit ihren Beschränktheiten in die Quere kommen konnten. Wir lasen zum Beispiel Heine (den sie überhaupt nie gelesen hatten) und freuten uns der Ironie, die den dumpfen Deutschbrei, der zur Katastrophe gehörte, zur Weißglut bringt … Wir lasen Nietzsche (den sie falsch gelesen hatten und niederträchtig fälschend), um von ihm zu lernen, was man mit einem Gedanken, was erst mit einem Gewohnheitsgedanken alles anstellen kann und muss, bis man heraus hat, ob er standhält. Er hatte den »europäischen Nihilismus« heraufkommen sehen, den krachenden Zusammenbruch der Werteskalen –: den Krach hatten wir gehört, die Trümmer gesehen, aber das große Nihil glaubten wir ihm dennoch nicht: dies eine Mal musste er, mit Vergunst, doch irren. Was uns so zuversichtlich selbst-bewusst machte, war ein Stück von ihm selbst, das wir, wie embryonal auch immer, in uns spürten: solange WIR da waren, konnte »Europa« – mit allem, was es hieß – noch nicht am Ende sein. Der große Nihilist selber, der es hatte zunichte machen wollen, der wahre Untergangster des Abendlandes, war doch zum Verenden gebracht worden, und das Abendland stand noch da, doch zugleich auch wir unversehrt: wir lernten es ja als Idee über allem Irdischen staunend tagtäglich mehr hören und sehen … Dann lasen wir Freud (den gänzlich Unbekannten) und lernten das Unterirdische schätzen: vielleicht das größte Geschenk des Weltgeistes an dieses barbarische Jahrhundert, dass sich uns dadurch verstehbar machte, so unverzeihlich es auch blieb. Und der Acheron bewegte sich, wie das Motto auf dem Grundwerk es wollte und verhieß: der Pfuhl alles dessen tat sich auf, was unsere Väter sich erträumt hatten und was bei ihnen noch immer unter einer Decke lag aus dumpfem Schlaf. »Verdrängt« war das im Hier-und-Jetzt noch immer: ein Begriff, der für uns desto gewichtiger, schwerer, ernster wurde, je flotter und leichter die Gesellschaft ihn auf der Zunge zu führen lernte …

Das war alles ganz früh, Jugendzeit, Schulzeit, Lehr- und Wanderjahre, und da kannten wir uns noch gar nicht. Aber dass wir uns kennen lernten, hing sehr damit zusammen, dass wir dies alles gleich oder ähnlich erlebt hatten: es prädestinierte unsere Wahlverwandtschaft und trägt sie im Grund unseres Denkens noch heute. An fundamentalen Vorbildern kam später noch Karl Kraus dazu, der kulturkritische Lehrer überhaupt, der uns lehrte, die Dumpflinge und Verderber nicht erst an ihren Früchten, sondern bereits an deren Keimen zu erkennen und den falschen Satz am Detail des grammatischen Fehlers, und der Tradition der »Macht der Worte« ein ganz neues, unerhörtes Paradigma hinzufügte. Je länger ich über ihn hindenke und über das nach, was die Vernunftswelt ihm verdankt, desto unbedingter wird meine Überzeugung, dass er der größte Schriftsteller des 20. Jahrhunderts war und der Letztzeit-Literatur; niemand kommt heute in Betracht, der seine Begriffe nicht in seinem Feuer geläutert ... Es war eine gewaltige Grundausrüstung, mit der wir uns versehen hatten, und ich staune heute noch über das Kräftegefühl des verbündeten WIR, das uns daraus zuwuchs: damit durften wir uns alles zutrauen. Haben wir deshalb so viele grundsätzliche Fragen aufgegriffen – so viele Fragen grundsätzlich angefasst?

Ich habe heute ein ganz merkwürdiges Gefühl bei dieser Prinzipialität, die für meine Denkweise zwingend geblieben ist, und ich weiß, dass ich schon damals ein ganz merkwürdiges Gefühl dabei hatte: kein Kraftgefühl, ganz und gar nicht, sondern eher das Gegenteil: Angst – und als Quelle ein Defizit, ein gewaltiges Vakuum, ein Verlustbewusstsein, das gleichsam »hinter den Kulissen« lag, in einem unheimlich abgedunkelten Bezirk. Es gab viele in unserer Generation, die es fühlten, es gab einige, die es dachten, es gab einige wenige, die es zu Ende zu denken wagten: WIR hatten das merkwürdige Gefühl, schon verloren zu haben, was wir eben beginnen wollten, schon verloren zu sein. Nur weil wir nicht schnell genug zu Kräften gekommen waren, um die Wiederkehr des Gleichen zu verhindern? Wir dachten es, angstvoll vor dem Abgedunkelten, das sich uns nicht erhellte; wir hielten uns an die Kulissen und sprangen das wiedergekehrte Gleiche mit doppelter Energie an.

Wiedergekehrt: grundsätzlich war es das; grundsätzlich war das, was wir vorfanden, ein banales Strickmuster der Geschichte, ein bloßes Alias in ihrem Semper-idem; »dasselbe, immer anders« hatte Schopenhauer sie definiert. Thron und Altar hatten sich wieder zum bewährten Grundbedürfnis zusammengefunden; die Geschäfte gingen gut, und da alle, wenn auch mit unterschiedlichen Dividenden, beteiligt waren, hatten Prinzipien ihre allerschlechteste Stunde. Der Prinzipienblick fand vor: eine bloße Dilettanten-Demokratie, extern installiert, einen verschlagenen Simplex an der Spitze, als Minister vorwiegend intrigante Lakaien, als Politik die pure Restauration. Ein Teil ihrer Vertreter hatte seinerzeit der Ermächtigung des Gangsters Hitler zugestimmt und war nun selbst ermächtigt; die jenem und seiner Bande damals Widerstand geleistet hatten, standen wieder in der Opposition. Das Volk stand abwartend, inaktiv, der neuen Aufgabenzuweisung gewärtig. Die Machthaber-Mannschaft störte das nicht: sie hatte zur Demokratie das zynische Verhältnis der Ausbeuter, die dem arbeitenden Betriebsangehörigen geschmeidig erzählen, dass er der eigentliche Besitzer sei; sie freute sich des neuen Souverains und seiner ewigen Unmündigkeit und klopften ihm leutselig auf die Schulter. Sie wollte nicht erinnert werden, woher sie kam; ihr Prinzip, wenn denn eines, war das Schwammdrüber, ihr Ideal, wenn denn eines, der absolut Reine Tisch. Sie führte sich auf, als sei ihr die Weimarer Republik in direkter Nachmieterschaft besenrein übergeben worden, und unterlief sogar die lange gültige Sprichwortswahrheit, dass man wenigstens durch Schaden klug werde … Das alles war entgeisternd, verstörend, mutlos machend, und nur an der Langeweile, die uns die Vorhersagbarkeit der Politik immer wieder lähmend bereitete, erkannten wir – oder ahnten zumindest –, dass unser Verlierens- oder Verlorenheitsgefühl gar nicht aus dem Feindbild einer Verschwörung stammte und auch nicht aus der Infamie eines in seiner Macht- und Geldgier wie in seinen Strebungen eigentlich grundprimitiven Mannes. Ich habe irgendwo damals geschrieben, dass die lähmende Langweiligkeit seiner Politik, selber das Produkt eines Verlusts und Verlassenwordenseins, das uns alle, wie oppositionell wir auch zueinander standen, einsog.

Trotzdem waren die Aktualitäten aufregend genug, um uns vor der Resignation zu bewahren. Allem voran das Vabanque-Spiel der kalten Kriegspolitik, die Hitler fortsetzte, weil sie genau das erfüllte, was er sich zuletzt erhofft hatte: die Konfrontation der westlichen Kapitals-Allianzen mit den sozialistischen Staaten. Wir demonstrierten, protestierten; wir waren sogar furchtlos, was für Denker eine sehr riskante Sache ist; wir irrten und verwirrten uns auch nach Kräften, (verziehen uns das aber ebenso leicht wie den anderen schwer oder gar nicht), vor allem in der prinzipiellen Zuversicht, dass Ideen es an Schubkraft mit der menschlichen Schäbigkeit aufnehmen könnten. Wir waren feindselig gegen das triumphierende »Wirtschaftswunder«: hatten wir bereits die instinktive Vermutung, es könnte die wirtschaftliche Blüte eines Gemeinwesens zuletzt nur ein Beweis dafür sein, dass seine Polizei nichts taugt, so mutete speziell diese so hektisch aufblühende Nachkriegszeit an, als wollte sie an einem besonderen Exempel noch einmal demonstrieren, dass – entgegen der Kinomoral und der Kinderstubenlehre – alle Verbrechen sich auszahlen. Uns schien ein Gleichgewicht gestört, das ich einfach »die Gerechtigkeit« nennen will. Wir hungerten nach ihr, weit über die physischen Hungerjahre hinaus, nach diesem allerseltsamsten Etwas, von dem ich bis heute noch nicht weiß, ob es sich dabei um ein eingeborenes Menschheitssuchbild, gar um eine Konstitutionseigenschaft der Ontologie handelt, bei deren Beschädigung sie krank wird und verdirbt, oder ob bloß um eine theorie-philosophische Seifenblase, um einen Unsinn, der in der Wirklichkeit gar nicht vorkommt. Die Waagschalen standen jedenfalls schief, und ich meine immer noch, es gibt die Wahrnehmung dafür in allen Sinnen: das Gespür für eine elementare Störung. Wir hatten es, und die gespürte Störung stand in unmittelbarer Korrespondenz zu jener anderen, größeren hinter den Kulissen, dem Energieverlust, der sich uns aus allen Erscheinungen der politischen und gesellschaftlichen Verwandlung mitteilte.

Wir hielten uns an die Erscheinungen selber. »Wiederbewaffnung«, »Notstandsgesetze«, »Berufsverbote« hießen ihre Mittelpunkte, um die sich in kleinen Schritten trippelnden Skandale scharten; die letztgenannten – als verspätete Nachahmung des längst gelaufenen McCarthyismus zusätzlich heillos albern – sorgten dafür, dass wir am Ende auch keine Parteien mehr kennen konnten. Es gehörte alles zusammen, bildete eine gebraute Disharmonie, von der Semper-idem-Geschichte prästabilisiert, und für den Rückblick fließen drei Jahrzehnte unschwer zu einem Bild zusammen – wie in dem unserer Reaktion sehr wechselreiche Gedanken und Affekte. Wir waren deprimiert von der hohen Inzidenz von Blödianen im Parlament, weil wir in unserer Einfalt meinten, dass »Abordnung« und »Vertretung« irgendwie mit Auslese, mit Elite zu tun haben sollte; wir waren entgeistert von der Unbefangenheit, mit der Hitlers Administration »im Amt« geblieben war, ungedämpft ermächtigt und berechtigt, pensionsberechtigt jedenfalls, waren erschrocken ob einer Polizei, die uns Demokraten Zucht und Ordnung beibringen wollte und deren praktisches wie theoretisches Rüstzeug dazu nur auswies, dass sie vordem unter Himmler gedient hatte. Wir standen fassungslos vor der Weiterverwendung der bankrotten Militärs, deren Tätigkeit wir im Strafgesetzbuch beschrieben finden wollten und dort, wo bei jeder Neuauflage neuerlich, vergebens nachschlugen: – das war das Zentrum unserer Oppositionen überhaupt – und das unserer Niederlagen, und an der jüngsten Reaktion auf die »Verbrechen der Wehrmacht« ist das eigentlich Deprimierende nicht der hochschlagende Dampf aus dem Acheron des Deutschbreis, auch nicht das altgediente Verleugnungsritual und überhaupt das ganze fünfzigjährige Dienstjubiläum der ehrenwerten Gesellschaft, sondern die maulaufsperrende Verwunderung, das heillose Nichtwissen als späte Folge des einstigen heilschreienden Nichts-gewusst-habens, das sich vor dieser Exposition noch einmal exponiert.

Die Verleugnung der Zwölf Jahre war die Voraussetzung für jede Karriere in der neuen Republik, und hatten wir entsprechend Feindbilder genug, all die papiernen Haderlumpen der Springer-Presse etwa, die Exponenten jener bürgerlichen Affirmation, die zur Geschichte »tja« sagte und das Prostglas hob, so stand für das alles der eine Name »Adenauer« – so sehr, dass er heute noch alle Lücken büßt, die der Zeitzahn ins Namensgedächtnis gefressen hat. Er war der Katalysator für einen ganzen kollektiven Prozess; von ihm hing dessen endloser Fortgang noch ab, als er längst schon verschwunden war. Ich weiß es nicht, aber es will mir doch dunkel so vorkommen, als hätte selbst der heutige Verwaltungsterrorismus, das deutsche Patentventil des Willens zur Macht auch in der Demokratie, nicht zustande kommen können, wenn vor 50 Jahren anstelle eines phantasielos habgierigen Karrierebeamten ein politischer Grundlagen-Denker an die Spitze der Republik gekommen wäre. Nun, das stehe dahin; mit politischen Grundlagen-Denkern an der Spitze haben wir so wenig Erfahrung wie mit platonischen Philosophen dort oder hillerschen Herrenhäusern. Nur mit Juristen – und mit der Justiz. Auch sie verdankten wir unserer unüberwindlichen Geschichte; auch ihren Fortbestand verdankten wir Adenauer. Sie trug in aller Ruhe die hitlerschen Roben auf, die, noch aus der Friedenszeit, oft zum Verwundern lange hielten; sie gab sich grinsend für gewandelt aus, weil sie nach Mördergrubenlust hatte hängen dürfen und nun laufen ließ, vor allem sich selbst; sie verschlief die Offensiven der Rechts-Reaktion, war wachsam wie eh nur auf dem linken Auge und wurde vollends munter erst bei Aufgaben wie der, die Wahrnehmung eines Grundrechts als Nötigung zu deklarieren. Der Verfasser der Nürnberger Gesetze wurde Adenauers Staatssekretär; aber die große Gegen-Rechtsschöpfung, die aus der Erfahrung der erlebten Rechtsperversion hätte erwachsen müssen, unterblieb: eine, die zur Abwechslung diesmal das Volk vor dem Staat geschützt hätte, statt wieder nur den Staat vor dem Volk. Noch heute bestimmt das legislative Defizit das Gesamtbild der in fünfzig Jahren sonst nur gut weggekommenen Republik; es setzte den untilgbaren Fleck einer Schande, in deren Schatten aller Erfolg, alles rühmliche Standhalten, alle Bewährung immer noch blass wird: dass der haftbare Nachfolgestaat der Diktatur ein Staat war, der den Opfern keine Entschädigung zahlen konnte, weil er den Tätern Pensionen zahlen musste … dass Nachrichten zu diesem Thema noch heute den verwöhnten Aktualitätsansprüchen der Medien genügen, ist wie eine späte Bestätigung unserer Aktualität.

Wogende Zeiten: Wohl hatten wir sie mit den benachbarten Generationen gemeinsam, und viele sind durch sie hindurchgegangen; aber unsere Generation, die mit der besonderen Beziehung zum Urknall, tat es mit besonderem Schritt. Was waren wir eigentlich? Waren wir Apragmatiker, Irrealisten, Idealisten gar, wie es die verzogenen Mundwinkel der Wirklichkeitsinhaber meinten? Waren wir der rechtmäßige Gegenstand des wiehernden Gelächters hinter den gutbewacht verschlossenen Türen, wo die Machthaber unter sich waren? Sie brauchten uns ja, um ihre Kontrollapparate begründet installieren zu können: darum bekamen wir so oft auch wohlwollende Gesichter von ihnen zu sehen, wenn die unseren glutrot angelaufen waren vor Zorn und Scham und früher Verzweiflung … In Paris weigerten sich noch Jahre nach der Schreckensherrschaft die Ochsen, über die Place de la Concorde zu gehen, weil sie immer noch die enorme Blutpfütze spürten, die dort einmal unter dem Messergerüst gestanden hatte. Wir spürten sie beim Gang durch unser mit Unschuld vermintes Land – und starrten fassungslos die Volksgenossen-, jetzt Gesellschaft an, die darüber hinwegging, als wäre

126

nichts gewesen ... Hochwogende Zeiten. Es waren die eigentlichen Bewährungsjahre der Demokratie und noch heute wird mir bei der Rückbesichtigung bange –: wie leicht hätte sie zum Teufel gehen können bei soviel von ihr angezettelten Teufeleien! Der ungeheure Aktivismus dessen, was denn umgreifend hilfs-zeit-wörtlich Außerparlamentarische Opposition heißen mag, muss noch von einer späteren Zeit gewürdigt werden; alles, was an unserer heutigen Demokratie erträglich ist, ja ihr eigentlicher Geist, ihre Funktionstüchtigkeit, wurde von ihr – auch von ihren zahllosen Irrtümern – erst erwirkt. Sie war ein staunenswertes Phänomen der Wiedervereinigung von hochparadoxen Kräften, zu denen wir alle Beiträger waren, und von Deinem Werk, lieber Wolfgang, gehört nicht nur die »Lynx«-Zeitschrift dazu und der prallgefüllte Pfeilköcher der »Invektiven – Inventionen«.

Hier muss Kurt Hillers gedacht werden: der uns beiden zuteil gewordenen Freundlichkeit des Schicksals, uns eine der großen Figuren der Vorkatastrophenzeit noch als Mitlebenden vorfinden zu lassen. Ich lernte ihn durch Dich kennen und bekam durchaus etwas von der Kraft zu spüren, die von diesem scharfsinnig naiven, durchaus magnetischen, wenn auch von Polschwankungen heimgesuchten Geist ausging, der Dich so unerbittlich an Sohnesstatt annehmen und darum nach seinem Bilde umformen wollte; ich brachte es leichter fertig, als entfernter Verwandter beiseite zu stehen und in respektvoller Ruhe die Ahnung auf mich zukommen zu lassen, dass nicht jeder aktivistisch vorgetragene Gedanke deshalb auch vernünftig sein muss, ja dass Aktivismus auch die Verengt- und Beschränktheit eines Geistes beweisen kann. Heute weiß ich, dass die Fähigkeit dazu ein bloßer Konstitutionspartikel ist, zufällig wie die Haarfarbe oder das musikalische Ohr, und dass seine intellektuellen Begründungen noch in ihrer höchsten moralischen Qualität ihn nicht zum Entstehen, sondern nur zum Ausdruck bringen können. Und heute weiß ich, dass das aktivistische Sturmlaufen gegen das Semper-idem der Geschichte selbst ein Teil des Semper-idem der Geschichte ist, der notwendig immer wieder sein muss und notwendig immer wieder egal sein muss nach dem Willen der Evolution. Ich weiß das alles gar nicht gern; es ist wie jedes Wissen sehr kräftezehrend – und wohl ganz entkräftend am Ende ... Aber der Sturmlauf gehört zum Ausbruch der jungen Jahre, und er bedarf der Lehrer, die in ihrem Energiefeld Tatgewalt und Wortgewalt trennen; so tat es uns gut, eine Zeitlang auch einen zu haben, der z.B. den »dialektischen Vampyr des inneren Menschen«, Hegel bei Jean Paul (wie ähnlich später bei Schopenhauer oder dem jungen Marx), in den »Inhalt des Mastdarms eines Ruhrkranken« verschärfte. Grobianismus dieser Art – er hat ja eine durchaus ehrwürdige Tradition – ist dann zwar unsere Art nie geworden – wie denn auf der anderen Seite unsere Auflehnung, »Revolte«, gar »Revolution« auch nie ernstlich in Gefahr war, sich mit Auflauf, Pflastersteinflug und Radau zu artikulieren; aber die Entscheidung für die Wörterwelt wurde von Hillers lautem Zugriff auf Personen und Sachen mit einer wichtigen Vorbildlichkeit versehen. Die große »Umwälzung« der jungen Jahre: was seinem Sinn nach derart an die Grundlagen geht, rührt auch ans Unterste der menschlichen Antriebe und rührt sie anarchisch um, und bekundet die angewandte Gewalt als Äußerungsform eine Regression in die Vorsprachlichkeit, einen Rücksturz ins Vorvernünftige, so bildet »Sprache« die Fortifikation dagegen, die Grenz- und Scheidelinie. Ließe sich sagen, dass die Sprach-Gewalt-Lehrer gegen die Gewalt-Tat-Lehrer immunisieren? Diese Immunität war es, die wir aus der Literaturgeschichte gewannen, und Hiller verband uns lebendig mit den gewaltigen Generationen unserer Groß-Väter dort: ihr Wort war in seinem Gesicht wörtlich Fleisch geblieben.

Wir sind dann nach Kräften unserem Beruf nachgegangen: gemeinsam weiterhin, als wir etwa – im Sammelwerk »Kir-

che und Krieg« unseres Freundes Karlheinz Deschner – die
ältere Historie beizogen, um die Gegenwart zu erläutern:
Die Geschichte hat ja, wie die Natur, durchaus keine
Sprünge machen müssen, um zu uns zu gelangen; wer
etwas über die mögliche Gegenwart erfahren will, hat
schlechterdings kein besseres Befragungsfeld als das Finstere
Mittelalter. Du hast in ihm später etwa die Mystik befragt,
Literaturanalyse und Gesellschaftskritik ineins, und die
Forschung verdankt Deinen drei »Anima«-Bänden auf
diesem Gebiet einen neuen, grundstürzenden Ansatz. Darf
ich Dir ganz einfach sagen, dass Deine wissenschaftliche
Laufbahn mir immer bewunderungswürdig gewesen ist? Ihr
Impetus wie ihr reiches Ergebnis haben in unserer einzigar-
tigen Generation kaum ihresgleichen. Eine Postenkarriere
konnte sie freilich nicht sein bei solcher Eigenschaft und
Vorgeschichte; aber die akademische Historie ist randvoller
Beispiele, was es über den Rang eines Werkes sagt, dass es
von der Forschungsalimentierung und den Preisverleihun-
gen übergangen wurde: es gehört zu dem, was dem Anderen, Ranglosen im Wege war und was übrig bleibt, wenn
dieses Andere abgefeiert ist. Übrig bleiben werden mit Gewissheit Deine Studien zu »Sexualität und Obszönität« oder
die wichtigen kritischen Untersuchungen des Bandes »Eros,
Eris« – in letzteren neugedruckt die Autopsie von Golo
Manns »Wallenstein«, Dein Beitrag einst zu einem 68er
Sammelband, in dem WIR nebeneinander standen, und
immer noch ein Text, der in Schulen für Literaturkritik,
gäbe es sie, als Grundfibel ausliegen müsste. Muss sich alles
Pfuschertum vor Deinem kritischen Blick fürchten, so
kann die Redlichkeit auch im begrenzten Versuch auf Dein
Wohlwollen rechnen: Äquivalent zu jener »Gerechtigkeit«,
deren Ausbreitung unser aller Lebenswerk gewidmet ist. An
Deinem zu rühmen ist die, musikalisch verstanden, präzise
Satztechnik Deines Stils, die der Präzision der Gedanken
die konforme Abbildung ermöglicht, zu rühmen aber nicht
weniger ein Zug, den ich der Charakteristik der Klarheit an

die Seite stellen möchte: die Menschenfreundlichkeit, mit der sich Dein Wissen übermittelt und in der, wer dich kennt, Dich selber lebendig sprechen sieht. Sie lässt Dich auf alle künstlich fachsprachliche Distanz verzichten und ganz ohne Zungentanz gespreizten Jargons auskommen, der sich der Literaturwissenschaft andernorts bemächtigt hat. Deshalb werden Deine Schriften, im Gegensatz zu denen, die jene hervorbringt, auch von Literaturlesern gelesen, wie und als Literatur selbst. Ich habe noch wieder einen Blick in das anmaßende Gutachten der »Qualitätsüberprüfungskommission« geworfen, die Dich vor einem Vierteljahrhundert belästigte: deine »sämtlichen Schriften«, hieß es da, »fehlen theoretische Erörterungen und eine klare wissenschaftliche Terminologie, wodurch eine Einordnung in Forschungstraditionen oder eine Konfrontation mit ihnen erschwert, wenn nicht ausgeschlossen ist«. Du hast diese, angesichts Deines Werkes längst für Dich ehrenvolle, Beurteilung selber veröffentlicht: ihre gravitätische Beschränktheit machte sich und sie lächerlich schon damals. Damals waren die Inhaber der klaren wissenschaftlichen Terminologie die Altgermanisten, heute schon unauffindbar; heute würden es, morgen unauffindbar, jene Zungenschläger sein, die »Literaturanalyse als Interdiskursanalyse« betreiben oder ähnliches und uns ihre Einordnung wie die Konfrontation mit ihnen allerdings kinderleicht machen. Nur für ihre jeweilige Gegenwartsbeherrschung ist Lachhaftigkeit leider noch nie tödlich gewesen … Wir wollen trotzdem weiterhin auf ihre Autorität pfeifen, und ich tue es zusammenfassend mit einem Satz für viele: Du hast, als Lehrer, das Lesen beigebracht, die richtige Lektüre der Worte und der Taten; die Welt selbst ist durch Deine Arbeitsweise lesbarer geworden.
Ich würde gern, hätte sich Deine Geduld nicht schon müde gelesen, Jahr für Jahr noch einmal mit Dir abschreiten, die ganze Strecke, die uns hat WIR sein lassen, aus der Erinnerung nach außen bringen – auch die nur privaten Statio-

nen: grad gestern noch, als ich wieder vergebens auf den amtlich in Aussicht gestellten Frühling wartete, musste ich wieder an die beiden Sommersonnentage denken, die wir mit unseren Frauen und Deinem Söhnchen Olaf an der Ostsee verbrachten, vor gut 30 Jahren. Das war es ja, »das Leben«, das wird es dann einmal gewesen sein … und 10 Minuten davon sind sogar, für den Fall, dass unser Gedächtnis versagen sollte, auf Film festgehalten. Es ist ja aufs Versagen hin konditioniert, dieses Gedächtnis, und seine zunehmende Schlechtigkeit eine der großen Hilfen, um über alles hinweg in die Jahre zu kommen: große Tragödien werden dabei klein und erträglich, Epochenschritte zu Minutien und Quisquilien; der Akten- und Papierberg unseres Lebens-Werkes ist die geborene Maus, und das Szenario weltweiten Tods und Unglücks schrumpft zur Viertelseite im Geschichtsbuch. Hat der Schöpfer, der uns das alles aushalten lässt, unerwartet freundliche Rücksicht genommen auf unser unzulänglich erschaffenes Nervensystem, das all das nicht aushielte? Sein von manchen behaupteter Anspruch auf unsere gelegentliche Verehrung wäre dann wenigstens nicht ganz unbegründet … Es ist tröstlich jedenfalls, dass wir nicht alles mehr zu greifen bekommen, was einmal unser war und unsere Zeit, und schon gar nicht auf einen Streich; schon was ein einziger Blick noch zusammenfasste, kann ja mittlerweile leicht besorgen, dass es keine Stunde unverstörten Schlafs mehr gibt.

Längere Geschichtserlebnisse haben den Nutzen, dass man immer schon weiß, wie das ausgeht, was andere für absolut neu und originell halten: dies ist der Schaden, den sie anrichten, die Verwüstung der Sommersonnentage, die endliche Unerträglichkeit. Irgendwann muss man sich von ihnen zurückziehen; nehmen wir denn die Resignation, die uns ins Haus steht, als die Möglichkeit noch einiger Selbsterhaltung. Denn das Semper-idem, wie auch »immer anders«, läuft am Ende ja doch auf einen Blick in den Abgrund hinaus, in die Finsternis der Erkenntnis, »dass wir durch unsere Geburt in eine Mördergrube geraten sind und dass eine Menschheit, die noch das Blut schändet, das sie vergossen hat, durch und durch aus Schufterei zusammengesetzt ist und dass es vor ihr kein Entrinnen gibt und gegen sie keine Hilfe ...« Ich habe den großen Text von Karl Kraus, den diese Summen-Sätze, die Stimme des filmisch festgehaltenen Redners brechen lassend, beschließen und in dem er jeden, der »das noch nicht erkannt« habe, vom Teufel holen lässt, ungezählte Male öffentlich gelesen – und als die Möglichkeit gelesen, selber das Entrinnen zu gewähren und die Hilfe zu sein, die der Autor hinter aller Verneinung so inbrünstig erhofft hatte, bis mir aufging, dass im Brechen der Stimme eben diese Hoffnung als Illusion zerbrach, seither rechne ich damit, dass ich sie selber nicht mehr lange werden hegen können ...

Resignation also: ich fürchte, die zweite Bedeutung der Zweideutigkeit holt mich eher ein als die erste; der Rückblick im Zorn ist jedenfalls länger schon ins bloße Kopfschütteln übergegangen über das Semper-idem, das sich mit seinem raffinierten immer-anders gegen so viele unserer Anstrengungen durchgesetzt hat. »Und so weiter ...« wäre denn das Stichwort – für was? Für den Aktivismus insgesamt zuletzt, der auf den Brettern denn in Gottes Namen seinen Fortgang nehmen mag, während wir beiseite gehen? Wir treten nicht ab, das denn doch nicht; ich denke nur, wir leben jetzt mal ein bisschen für uns selber und lassen uns andere Gegenstände der Welt bedeuten als das alte Theater. Ich wüsste allerlei schöne Ausflüge, die wir gemeinsam machen könnten: was meinst Du? Wir wollen jedenfalls das erste Wort dieses Grußes das letzte Wort behalten lassen und weiterhin WIR sein. Am Ende kommen bei den Kapriolen des Lebens als Wichtigstes ja doch die Freundschaften heraus, die kleinen Enklaven, in denen der Friede auf Erden einzig möglich ist ... das schreibe ich an dem Tag, an dem Deutschland zum erstenmal »nach dem Krieg« wieder Krieg führt. Die Rechts-Legitimation für diese unvorstellbare Wirklichkeit ist schwach und das hochmoralische Mienenspiel der Recht-Fertiger ist so alarmierend wie ihr Konsens: Spektakel einer Entrüstung über die Weltlaufs-Greuel, die früher, als sie noch in Vietnam stattfanden oder Chile oder Nicaragua, ganz und gar nicht zustande kommen wollte … Müssten wir doch wieder auf die Barrikaden?

Ich lasse das in der Luft, die Tätergeheul und Opferschreie weiter in vollendeter Sachlichkeit überträgt … Die Politik soll Ruhe geben –: das ist das erste, was ich mir für den Ruhestand ausbitte. Sollte ich sagen, dass sie mir bereits egal ist? Ich habe immer noch wieder manchmal die kleine, sicher liebenswürdige Schwäche, sie's mir nicht sein lassen zu wollen; aber das ist ein bloßer Enthusiasmus, der mir hoffentlich auch noch vergehen wird. Am Ende steht ja doch, was ich vor ziemlich ungezählten Jahren schon irgendwo als Regel festgestellt habe: »wer nicht zu der Erkenntnis vordringt, dass alle Polit- und Sozialgeschichte in der Evolution nur, wie immer auch turbulent und sich vordrängend, ein Umweg und Mittel ist, um zur Kulturgeschichte zu gelangen, der produziert eine falsche Gesellschaft und macht falsche Politik …« (» … der macht deutsche Politik«, hieß es dann noch weiter; aber es gilt inzwischen weltumspannend milliardenumschlingend allgemein, und unsere Vordränger sind nicht turbulenter als die andern; wir wollen gerecht sein). Dass Deutschlands Geschichte zwischen seinen von uns erlebten Kriegen die Kulturgeschichte eindrucksvoll vom Fleck gebracht habe, wird nun freilich kaum jemand ernstlich behaupten wollen, höchstens wer darunter einen Zweig der Wirtschaftsgeschichte versteht, wie Theaterintendanten und Kunsthändler. Längst stapeln sich bloße Nullwerte in der Epoche, die allerdings geräumig ist, notfalls den gesamten Nihilismus aufzunehmen. Die Metaphern vor dem, was immer noch unheimlich abgedunkelt liegt, sind zudem auffallend undramatisch –: sollte das nicht eher beruhigen? Wohin haben sie aber geführt, die vielen Mittel und Umwege? Keine Ruinen mehr, keine Totenberge; nur Schrott, sehr viel Schrott: Abfall, Müll, Rückstand auch sehr vieler Ideale ... Die »Revolte« unserer Generation liegt weit zurück, und WIR, die wir in ihr Freunde wurden, sind längst alte Freunde darüber geworden. Der schlimmste Moment, wo unsere Satiren von der Wirklichkeit überholt wurden, ist inzwischen überstanden und verkraftet, und nur manchmal wird von ihr noch ein wichtiges Dokument nachgereicht wie jüngst die »Sonderakte Mazeration Goethe«. Vieles ist uns auch einfach entfallen, was einst anstrengend war und jetzt belanglos ist; wir leisten uns den Altersluxus des Schlechten Gedächtnisses und lassen dem Hier-und-Jetzt so manches ohne Abmahnung einfach durchgehen. Die »Gerechtigkeit«, unser umfassendes Suchbild, ist selbst am Horizont kaum noch auszumachen; um sie auf Erden siegen zu sehen, muss man ins Kino. Das sozialistische Experiment, der bisher aufwendigste Versuch, ihr aufzuhelfen, ist zusammengebrochen, und widerwärtig daran war nicht nur der Anblick, dass sich jeder rechte Hinterbänkler nun einbilden durfte, sein sesshafter Hintern habe Karl Marx widerlegt –: die Geschichte dieses Experiments, mit dem unsere Generation ihre Hoffnungen bis zum Unsinn gläubig verbunden hatte, wird erst noch zu schreiben sein – und wird die edelsten Antriebe zu beschreiben haben wie die schäbigsten, darunter nicht nur jene, für die unsere armselige Justiz ein zweitesmal keinen legislativen Steckbrief zuwege brachte. Sie hängt, diese Justiz, noch immer die Kleinen und lässt die Großen laufen, nach Südamerika oder aufs Altenteil im Grünen, ganz wie's ihnen beliebt, und ihr Beitrag zur Gerechtigkeit ist von einer Art, dass man bei jedem Vorgang, bei dem der Rechtsweg ausgeschlossen ist, erleichtert aufatmet. Dazu, mit ihr verbündet, »der Übermut der der Ämter ...« – gar nicht mehr zu sagen. Können wir uns überhaupt noch verständigen mit einer Gesellschaft der, wenn von »Werten« die Rede ist, nur gutangelegtes Kapital einfällt und in der nicht einmal die Lumpe mehr bescheiden sind, – mit dieser vor sich hin johlenden Spaßhaber-Vereinigung, die aus Leibeskräften danach schreit, den Begriff »Pöbel« wieder geläufig werden zu lassen, und deren endliches Lebensziel erschöpfend von dem Bewusstsein gebildet wird, auf Erden immer opulent gegessen zu haben? »Die Menschen san guat«, fand Nestroy, »bloß die Leut san a Gsindel«. Die sind's nun allerdings gleich in einem Maß, dass man die Allgemeine Nächstenliebe als ethische Forderung allmählich doch ein bisschen viel verlangt findet. Die Menschheit, so im All-Gemeinen, ist kein rechter Umgang mehr für uns, finde ich – nur ein paar wenige Einzelne, die vielleicht doch noch auf uns zurückkommen, damit wir sie den einzelnen Vielen bekannt machen, mit denen wir über die Zeiten hin Freundschaft geschlossen haben. Dass wir sonst eines Tages deren einzige noch lebende Freunde sind, steht durchaus zu befürchten; ich war zu oft schon dabei, wie einer vergessen wurde … Die Menschheit, so im Allgemeinen: sicher scheint mir, dass das Gesicht, das sie heute bietet, genau jenes ist, dessen Herkunft wir auch ohne Fernsehen aus der Ferne sahen, und fürchteten, und verhindern wollten. Die Barrikaden, auf die wir dazu gingen, waren nicht wirksam, die Kräfte, die wir dagegen aufwandten, ersichtlich vergeudet. Verlangt das Semper-idem ernstlich von uns, dass wir sie weiter aufwenden? Das Ideal, das in der Realität vielleicht gar nicht vorkommt, weiter hochhalten für diese Sorte unserer Art, die jenseits von Gut und Börse gar keine Metaphysik mehr kennt, stattdessen aber geschmeidig bereit steht, sich ins Poltisch-Korrekte einsperren zu lassen … für, kurz, dies »bübische Geschlecht«, wie Hölderlins sanfte Diotima so sanft, so viel zu sanft sie nennt …? »Vorbei!« – was für ein liebenswürdiger Gedanke …! Denn ihr Ideal, der »Spaßpark«, ist tot, nicht nur totgesagt, und es gibt in ihm die Wiese so wenig mehr wie den Admiral und das blaue Läuten … »Fun« sei das Gegenteil von Glück, sagte Adorno schon in unseren Jahren …

Sei's drum, ich höre schon auf, und nichts für ungut … Wir resignieren ja nicht, wir resignieren nur: – es hat uns sehr gefreut, es war sehr schön … Wie es kommt, dass mir so pechschwarz zumute geworden ist, weiß ich selber nicht; ich kann mich sonst auf meine Verblendungen noch leidlich verlassen … Ich habe nur wieder das merkwürdige Gefühl von damals: die Angst des Verlorenhabens und Verlorenseins, und ich spüre ihre Quelle im Abgedunkelten, ein Defizit, ein gewaltiges Vakuum, stärker als eh und je. Stärker darum, weil es stark geblieben ist wie eh und je und nicht teilgenommen hat an der Dämpfung durch zurückgelegte Zeit. Ist es dieselbe Leere etwa, unverändert? Unabgeändert durch all unsere sturmlaufenden Aktivitäten und sie mit Sinnlosigkeit bedrohend, spät wie einst? Es gibt in der Natur den vervielfachten Pollenflug, wenn eine Pflanzenart vom Verderben aus Wasser und Luft bedroht ist; es gibt in der Tierwelt das Äquivalent dazu, gab in der Untierwelt der Kriegsend-Zeit das des ungesteuert gesteigerten Zeugungstriebs –: welchem Ende galt in der Nachkriegs-Endzeit die ungeheuer gesteigerte Aktivität unserer Generation? Welcher Verlust provozierte unsere Kreativität? Wir dachten: der Menschen-, Schönheits-, Lebens-Artverlust; wir irrten uns. Es war etwas weitaus Komplizierteres dahinter verloren gegangen, auf dessen renovierte Wiederkehr wir vergebens warteten, und mit ihm waren wir selbst verloren … Denn ich denke, um es kurz zu machen, dass Hitler das Abendland tatsächlich zu Tode gebracht hat; sein Attentat auf die Gesittung war erfolgreich. Was bei dem gewaltigen Fall zu Boden schlug, war wirklich »alle Quantität der Leere«, die Hülse nämlich von Etwas, das einmal Alles gewesen war … ich beschreibe es hier nicht noch einmal; Du weißt, was wir meinen. Thomas Mann glaubte 1945 in großem, ihn quälenden Ernst, mit dem »Faustus« den Schlusspunkt unter die Literaturgeschichte zu setzen; ich habe darüber in später Zeit geschrieben, und in sehr früher Zeit schon ist mir erkennbar geworden, dass die Geschichte der Musik im gleichen Jahr ihr Ende fand: am 15. September, um genau zu sein, und bezeichnenderweise von der Hand eines Amerikaners … Sollte die Bildende Kunst danach etwas anderes bezeugen, als dass sich verzerrte Züge postletal entspannen können, ohne deswegen lebendig zu werden? Sollte die Architektur, die den Kahlschlag des Todes überbaute und dort, wo die alliierten Explosivstoffe nur halbe Arbeit geleistet hatten, selber im absurden Einvernehmen mit ihnen schuf, – sollte sie wirklich etwas auszudrücken bestimmt sein als Kahlschlag und Tod? Vom Theater rede ich nicht: – man hat mir gesagt, es stelle sich bloß tot, um die Castorfs, Haußmanns et hoc genus omne zu überleben; aber ich glaube es nicht, es ist zu echt, was es ist … »Postmoderne« heißt das Wesen, das seine Distinktion als Epoche aus dem Zusammenbruch aller Epochen-Distinktionen gewonnen hat: die beliebige Stil-Nachäffung mit beliebigem Ornament, die Einöde mit Erker. Post-Faschismus wäre der gemäße Ausdruck von Anfang an gewesen. Wir sahen ihn, weil wir noch die Hochbunker gesehen hatten und die Wohnkasernen wiedererkannten als deren domestiziertes Imitat. Aber wir konnten auch vor den Trümmern noch stehen wie Goethe vor denen von Mainz, denn nur wer die Zerstörung erlebt hat, kennt noch das Unzerstörte: »hie und da war noch ein Rest alter Pracht und Zierlichkeit zu sehen …« Wir haben, unzerstört, sogar noch das Individuum gekannt … das Ich, das jetzt von allen Seiten bestrebt wird, wieder Es zu werden, und darin sicher Erfolg –

Sei's drum, ich lasse ab, ich höre nun wirklich auf … Wir werden, lieber Wolfgang, bald zum vorigen Jahrhundert gehören, und ich denke, es hat seine Richtigkeit damit. Das Jahrhundert hat mit uns die Altersgrenze erreicht und tritt ab, das ganze Jahrtausend –: sollten wir nicht einfach bei ihm bleiben? Haben wir im Neuen überhaupt etwas zu suchen? Zu finden doch sicher nichts, und Neues schon gar nicht. Semper idem nur, »immer anders« …

Sicher, ich habe den Schwarzen Blick, und wenn Du mir etwas gut Widerlegendes sagen kannst, so zögere nicht; ich bin hochempfänglich dafür, denn ich lebe nicht im Frieden mit meinen Einsichten. Aber ich fürchte, wir werden auch darin WIR bleiben: dass wir untröstlich sind in deren Unglück … Nein, ich leiste mir nicht den nostalgischen Rückblick in die frühere als die bessere Zeit, jene liebenswürdigen Jahre, da man das Benzin fürs Automobil noch in der Apotheke kaufte –: auch in ihnen waren die Katastrophen nahe, als Nach- oder Vorspur. Ich sehe auch gar nicht weit in die Zukunft, nur ganz knapp über den Jahrtausendrand –: wollen WIR tatsächlich dort noch einmal enthusiastisch werden, »Idealisten«, die in Kahlschlag und Nullstand die Chance sehen können und im biologischen Aktivismus die instrumentalisierbare Kraft? Vielleicht kannst Du's; ich habe die Absicht nicht, bewundere aber jeden, der sie hegen kann, und fordere Dich auf, Dich meiner Bewunderung auch hierin versichert zu halten …

Nachrichten eben zu Ende: der Krieg geht weiter; das Wetter bleibt wechselhaft, die Börse freundlich. Nichts Neues also unter der fehlenden Sonne; sehn wir zu, dass unser Gleichmut ihm gewachsen bleibt. Irgendwann demnächst wird uns die Mitteilung erreichen, dass das Abendland mazeriert und in Schaumstoff abgebettet worden sei –: fürs dann fällige »sei's drum« müssen wir rechtzeitig üben, damit es uns nicht doch noch den Atem verschlägt.

Es war nicht Faust, es war Mephisto, der das »Vorbei« für ein »dummes Wort« hielt, nicht?

Ich grüße Dich herzlich.

Zeichnung von Hans Wuttig.

Nachwort

Die Kunst des Essayisten

Ein Glücksfall für Leser war es, als Hans Wollschläger (1935-2007) um die Jahrtausendwende einen Göttinger Verlag bewegen konnte, eine zehnbändige Ausgabe seiner Schriften zur Erscheinung zu bringen. Viele bis dahin verstreut und meist unzugänglich in Zeitungen, Zeit- und Festschriften vorliegende Texte konnte man nun lesen und sogar auch das Leben des Autors genauer in den Blick nehmen.

Wollschläger, der Kindheit und Jugend im ostwestfälischen Herford verbrachte, wollte eigentlich Dirigent werden. Daran, den Beruf des Schriftstellers zu ergreifen, dachte er, wohl durch eine Begegnung mit Arno Schmidt dazu inspiriert, ab Mitte der 1950er-Jahre. 1957 zog er nach Bamberg um, wo er eine Stelle als freier Lektor im dort ansässigen Karl-May-Verlag antrat. Seine Liebe zu May, steht zu vermuten, war zunächst Hauptgrund, weswegen Wollschläger mit Arno Schmidt in Verbindung kam, dem diesbezüglich ähnlich gestrickten und künstlerisch avanciertesten deutschen Nachkriegsschriftsteller. Schmidt wurde schließlich zum gern bemühten Ratgeber in literarischen Fragen, Türöffner zu Verlagen und, mit einigen Unterbrechungsphasen, engen Freund.

Sein Leben lang vertiefte Wollschläger sich in künstlerisch-philosophische Weltgebäude wie die Christoph Martin Wielands, Arthur Schopenhauers, Friedrich Nietzsches, Karl Mays, Gustav Mahlers oder Johann Sebastian Bachs; er hat etliche eigene Bücher veröffentlicht und gut drei Dutzend Bände, darunter Klassiker der Moderne wie Faulkner, Joyce, Poe, ins Deutsche übersetzt; überdies ließ er, der die Arbeiten Sigmund Freuds als wirksamstes ihm bekanntes Mittel gegen die Barbarei erachtete, sich Mitte der 1960er-Jahre zum Psychoanalytiker ausbilden. Seinen

140

Antrieb bei all dem beschrieb er gegenüber einem Interviewer so: »Es ist das ohnehin ein sehr weites Feld, die Frage, ob nicht die ganz schlichte Liebe zu einem Gegenstand ein außerordentlich wichtiges Erkenntnisinstrument ist, das ermöglicht, Dinge zu sehen, die der mehr mechanistischen Anwendung von vorgegebenen Interpretationsmustern verschlossen bleiben.« Obschon Wollschläger sich selbst öfters als Dilettanten titulierte, kam er in Wirklichkeit dem recht nahe, was man in früheren, bildungsbeflisseneren Zeiten einen Universalgelehrten oder Polyhistor nannte.

Die für Wollschlägers Arbeitshaltung typische, mit Leidenschaft einhergehende schöpferische Akribie, zeigte sich etwa bei seiner Übersetzung von James Joyce' als »schwierig« angesehenen Roman »Ulysses«. Sieben Jahre hatte Joyce daran geschrieben, sieben Jahre nahm auch Wollschläger sich Zeit, um all die von der griechischen Antike bis zum Dubliner Gossenirisch des frühen 20. Jahrhunderts reichenden Sprachebenen dieses Romans adäquat ins Deutsche zu bringen. Mit Erfolg. Wollschlägers 1975 erschienene »Ulysses«-Übertragung gilt als meisterhaft und mehr noch: sie wurde, ein absoluter Ausnahmefall in der Geschichte des Übersetzens, als originäre literarische Leistung mit Preisen ausgezeichnet.

Streitbar wie er war, nutzte Wollschläger jede sich bietende Gelegenheit dazu, gegen seinen Kindheitsort Herford, genauer: dessen jüngere städtebauliche Entwicklung zu polemisieren. Gleichwohl hat er, auch nachdem er lange schon in Bamberg lebte, immer wieder darauf hingewiesen, dass es seine Heimatstadt sei. Sie ist in besonderer Weise Thema in einem mit »Pommerland ist abgebrannt« überschriebenen Essay, in dem Wollschläger noch einmal seine Kindheit ausschreitet, die ersten bewusst erlebten Knabenjahre, die in die Endphase des Dritten Reiches fielen. Wie Wollschläger hier die Erlebnisweise des Herforder Kindes, das er war, mit derjenigen des Erwachsenen verwebt, der sich immer wieder ermahnen muss, der Sehnsucht nach einer sonnen-

beschienenen, harmonischen Kindheitswelt nicht nachzu-
geben, um an die tieferen und mithin erschreckenden
Erinnerungsschichten heranzukommen – das lässt eine
feinnervige, zuweilen geradezu vibrierende Einfühlungspro-
sa ohnegleichen entstehen.

Den Knaben, der er gewesen war, beschreibt der Schriftsteller als ständig frierend und sehr schutzbedürftig, aber auf
kindliche Weise hellwach. Er findet die Erwachsenenwelt
merkwürdig, in der man sich fortwährend gegenseitig Be-
fehle erteilt und Salutierübungen macht; oder den Krieg für
normal hält und nicht furchtbar oder wenigstens: merkwürdig. Der erste schwere Bombenangriff auf Herford, im
November 1944, wird allerdings als Schock erlebt und
hinterlässt tiefe Spuren: »Es war eine wichtige Stunde, hier
begann mein Nachdenken über meine Zeit.« Dies berichtet
nicht das Kind Hans Wollschläger, sondern der Erwachsene
deutet einen Kindheitsmoment als Vorgeschichte seiner
Laufbahn. Wollschlägers Satz enthält eine Anspielung auf
Thomas Manns 1950 erschienenen Essay »Meine Zeit«, in
dem dieser tief besorgt zu ergründen sucht, welche Haltung
er einnehmen soll gegenüber all den immer rascher aufein-
anderfolgenden technologischen Umwälzungen, Kriegen
und (Selbst-) Zerstörungsexzessen des Menschen, die er in
seiner Lebensspanne erlebt hat.

Eine Frage, die sich wie ein roter Faden auch durch Wollschlägers gesamte Existenz zog. Er hat sich als ein Kind von
Katastrophen aufgefasst: des Zweiten Weltkriegs mit seinen
unfassbaren Totenzahlen und, noch weitaus gravierender,
des Zivilisationsbruchs, den die Ermordung der Europäischen Juden bedeutete. Eine der Lehren, die er daraus zog:
Abgrenzung wie noch nie gegen die Generation der Väter,
den Erzeugern der Katastrophe. Eine andere Lehre: Mit
schier unermesslichem Erkenntnishunger las Wollschläger
Autoren wie Sigmund Freud, Heinrich Heine oder Karl
Kraus, deren Bücher man in jenen zwölf Jahren verbrannt
oder verboten hatte. Und noch eine Lehre: Schreibend,

redend, intervenierend die Ideen der Aufklärung: Bildung, Humanität, Solidarität zu befördern. Wollschläger tat dies etwa in seinen fulminanten Büchern über die Kreuzzüge, gegen die Institution Kirche, gegen unsere grausame und beschämende Massentierhaltung. Übrigens sah Wollschläger das Mittelalter, dem er sich in seinem Kreuzzugsbuch »Die bewaffneten Wallfahrten gen Jerusalem« zugewandt hatte, nicht als irgendein fernes Ehedem an, sondern vielmehr als eine Zeit, die uns Heutigen eine Menge über die Tragweite von politisch-religiösen Verblendungen auch in unseren Köpfen und die Entstehung von Gewalt mitzuteilen habe. Im Alter aber durchwehte Resignation seine Äußerungen, hatte Wollschläger das Gefühl, seine Generation habe die so sehr erhoffte Veränderung der Verhältnisse in keiner Weise erreicht. Immerhin hätten sich einige Freundschaften, »kleine Enklaven, in denen der Frieden auf Erden einzig möglich ist«, ergeben.

Freilich hat Wollschläger Gewichtiges hinterlassen: sein Werk. Etwa »Herzgewächse oder Der Fall Adams«, seinen einzigen Roman, der ganz ohne handelsübliche Spannungsdramaturgie und archetypische Helden auskommt. Dafür mit einer stilistisch von James Joyces und Arno Schmidts Spätwerken beeinflussten, mithin wie Lyrik gearbeiteten und mit historischen wie literarischen Verweisen nur so gespickten Sprache aufwartet. Die »Herzgewächse« hat Wollschläger, der der Meinung war, dass Linearität kein geeignetes Erzählprinzip sei, um unserer komplexen inneren wie äußeren Welt näherzukommen, sein Hauptwerk genannt. Aber, und jetzt kommt's: keine Zeile daraus findet sich in diesem Lesebuch. Was nicht als kritischer Einwand gedeutet werden sollte. Der Herausgeber ist nur einfach der Auffassung, dass Wollschlägers Essays dessen Schreibkunst am allerschönsten demonstrieren.

Es sind Arbeiten eines Meisters der schönen Verschwendung. Einfälle, die sparsam haushaltenden Schriftstellern für ein ganzes Buch ausreichen, packt er auf eine oder zwei

Seiten. Rezensiert er ein im Fernsehen gezeigtes Theaterstück, zeichnet er nicht allein ein einprägsames Bild des Moments, sondern holt ein, was sich in den letzten 200 Jahren auf unseren Bühnen getan hat, unterrichtet uns beispielsweise, wie genau noch im 19. Jahrhundert mit Dramentexten umgegangen wurde und wie fahrlässig oft heute, wo nicht der Text, sondern der Regisseur im Mittelpunkt steht. Wollschlägers Essays sind blitzgescheit, aber das allein ist es nicht. Sondern, dass es sich bei ihm um einen Autor handelt, der es völlig falsch findet, zwischen den Disziplinen einen Unterschied zu machen. Ob er nun in einem Feuilleton, einer Rezension oder einem Buch veröffentlicht wurde – jeder Satz, der die Schreibwerkstatt Wollschlägers verlassen hat, zeigt den Autor im Vollbesitz seines literarischen Vermögens und Formbewusstseins.

Nur hat der Essayist in Deutschland so seine Probleme. Hier hält man Feuilletons, Kritiken, Glossen, Aufsätze für bloßen Broterwerb, Pflichtübungen, Schreiben für den Tag, nicht für genuine Dichtkunst wie den Roman. Diese Auffassung führt selbst bei Experten, die es besser wissen müssten, dazu, dass sie auf Wollschlägers Buch-lange oder kürzere Essays kaum je das Wort Literatur anwenden. Ganz anders in England oder den USA. Ein Großteil des Outputs Virginia Woolfs, einer Ikone der literarischen Moderne, sind Essays gewesen. Und kein Amerikaner oder Engländer, der die Anmaßung besäße, sie nicht als Teil ihres literarischen Werkes zu erachten oder gar ihren fiktionalen Texten unterzuordnen. Wie absurd es ist, den Roman als Königsdisziplin der Literatur anzusehen, führt jede der eleganten, musikalisch aufgebauten Satzperioden Wollschlägers schlagend vor Augen. Dieser Ostwestfale zählt, wie Joseph Brodsky, W.G. Sebald und Virginia Woolf, zu den glänzendsten Essayisten über die das Reich der Schönen Literatur verfügt. Dazu, diese Entdeckung zu machen, will dieses Lesebuch beitragen.

144

AKADEMISCHE MATINEE

zur Verleihung der

EHRENDOKTORWÜRDE

an

Hans Wollschläger

Zeittafel

17.3.1935 geboren in Minden

1937 Umzug der Familie nach Herford; der Vater Hermann Wollschläger arbeitet als Pfarrer der dortigen Gemeinde Stiftberg.

1954 Abitur am humanistischen Herforder Friedrichsgymnasium.

1955-1957 Studium an der Nordwestdeutschen Musikakademie in Detmold; Berufswunsch, Dirigent zu werden.

1957 Umzug nach Bamberg; arbeitet als freier Lektor für den dortigen Karl-May- Verlag.

Ende der 1950er-Jahre Beginn der Freundschaft mit Arno Schmidt, zu dessen einzigen von diesem anerkannten Schüler Wollschläger wird.

Intensive Bekanntschaft mit Theodor W. Adorno, dem damals einflussreichsten Intellektuellen der Bundesrepublik Deutschland; ihn lernt Wollschläger in seiner Funktion als Vorsitzender der Deutschen Sektion der Internationalen Gustav-Mahler-Gesellschaft kennen.

1963 Wollschläger lebt von nun an als freier Publizist, Schriftsteller und Übersetzer. Zunächst überträgt er Edgar Allan Poe, William Faulkner, Raymond Chandler, Dashiel Hammett, James Baldwin, Donald Barthelme ins Deutsche.

1965 Wollschläger veröffentlicht eine umfangreiche Biographie Karl Mays, die mehrere Auflagen erfährt.

Mitte der 1960er-Jahre Wollschläger lässt sich zum Psychoanalytiker ausbilden; bezeichnet Sigmund Freud als einen der größten Denker des 20. Jahrhunderts.

1968 Wollschläger schreibt *Die bewaffneten Wallfahrten gen Jerusalem*, eine Geschichte der Kreuzzüge, die zunächst als dritter Band der von Karlheinz Deschner herausgegebenen Reihe *Kirche und Krieg* erscheint; 1973 eigenständige Publikation in mehreren Auflagen.

1975 Nach sieben Jahren Arbeit daran erscheint Wollschlägers Übersetzung von James Joyces Jahrhundertroman *Ulysses* ins Deutsche. Wollschläger findet einen frischen und angemessenen Weg, Joyces anpielungsreiche Sprache und seine ständig wechselnden Stilregister zu übertragen.

1976 erhält Wollschläger für die Übertragung des *Ulysses* als erster Übersetzer den Literaturpreis der Bayerischen Akademie der Schönen Künste.

1978 *Die Gegenwart einer Illusion, Reden gegen ein Monstrum* erscheint. Es ist Wollschlägers kritische Auseinandersetzung mit der Institution Kirche.

1982 Der von Wollschläger als sein Hauptwerk angesehene Roman *Herzgewächse oder Der Fall Adams*, an dem er seit den 1950er-Jahren gearbeitet hat, erscheint. Der immer wieder angekündigte zweite Band bleibt unvollendet.

1984 Wollschläger wird zum Mitglied der Deutschen Akademie für Sprache und Dichtung berufen.

1987 *Tiere sehen Dich an*, Wollschlägers Streitschrift gegen den Umgang des Menschen mit den Tieren, seinen »Mitgeschöpfen«, erscheint im Verlag *Die Republik*.

1988 Beginn der Edition des Gesamtwerkes des Orientalisten und Dichters Friedrich Rückert (1788-1866), die laut Wollschläger zur Wieder-Rezeption dieses zu Unrecht Vergessenen führen soll. Erster Band sind die *Kindertotenlieder*, von denen einige durch Gustav Mahlers Vertonung berühmt wurden. Nach Wollschlägers Tod wurde sein Rückerteditionsplan fortgeführt.

1990 Verleihung der Ehrendoktorwürde der Universität Bamberg an Wollschläger.

1991 Versuch, als Theaterregisseur Fuß zu fassen. Wollschläger inszeniert Goethes *Torquato Tasso* am Bamberger E.T.A.-Hoffmann-Theater.

19.5.2007 Tod Wollschlägers in Bamberg

Textnachweise

Pommerland ist abgebrannt: Erstdruck in: Holger Helbig u.a. Hermenautik – Hermeneutik, Würzburg 1996. Zuletzt in: Hans Wollschläger, *Schriften*, Göttingen 2009 – *Zu Arno Schmidts 80.Geburtstag (18.1.1994)*: Erstdruck unter dem Titel *Lernen vom Archivar des Universums* in: Bayerischen Rundschau, 15./16.1.1994. Zuletzt in: Hans Wollschläger, *Schriften*, Göttingen 2008 – *The Dark an Bloody Grounds*: aus *Karl May –Grundriss eines gebrochenen Lebens*, Erstdruck als Nr.104 von Rowohlts Monographien. Zuletzt in: Hans Wollschläger, *Schriften*, Göttingen 2004 – *Wo warst Du, Heinrich?*: Erstdruck unter dem Titel *Nur eines Menschen Stimme, gewaltig zu hören* in: Frankfurter Allgemeine Zeitung, 9.10.2001. Zuletzt in: Hans Wollschläger, *Schriften*, Göttingen 2006 – *Eine Putenfarm für Arno Schmidt?*: Erstdruck in: Frankfurter Allgemeine Zeitung, 29.8.2002 unter dem Titel *Puten in Volltrauer*. Zuletzt in: Hans Wollschläger, *Schriften*, Göttingen 2008 – *Widersprüche eines Provokateurs:* Erstdruck unter dem Redaktionstitel *Erhitzter Mensch im Wintermantel* in: Frankfurter Allgemeine Zeitung, 4.11.1997. Zuletzt unter der Überschrift *Rubato des Denkens* in: Hans Wollschläger, *Schriften*, Göttingen 2008 – *Leitfaden a priori*: Gesendet im Deutschlandfunk am 10.8.1997. Zuletzt in: Hans Wollschläger, *Schriften*, Göttingen 2008 – *Erinnerung an die Gegenwart*: Erstdruck unter dem Redaktionstitel *Der Nibelungen neue Not* in: Frankfurter Allgemeine Zeitung, 8.4.1989. Zuletzt in: Hans Wollschläger, *Schriften*, Göttingen 2008 – *Ich mache Musik mit Buchstaben*: WDR, Köln, 17.3.2005; Rundfunksendung *Hans Wollschläger wird 70* von Monika Buschey. Zuletzt in: Hans Wollschläger, *Schriften*, Göttingen 2009 – *Erkennende Leidenschaft*: Erstdruck unter dem Redaktionstitel *Ein Doppelleben zwischen Liebe und Musik* in: Frankfurter Allgemeine Zeitung,

4.11.2003. Zuletzt in: Hans Wollschläger, *Schriften*, Göttingen 2010 – *Einige Randbemerkung für Wolfgang Beutin zur Resignation*: Erstdruck in: Bremer Beiträge zur Literatur- und Ideengeschichte, Hg. Von Thomas Metscher und Wolfgang Beutin, mitbegründet von Dieter Herms, Bd. 28, 1999. Zuletzt in: Hans Wollschläger, *Schriften*, Göttingen 2009.

Bildnachweise

S. 6: Abb. aus: Cover von: Auskünfte über Hans Wollschläger (= Fußnoten zur Literatur. Heft 51, Bamberg 2002 – S. 34, 38, 64 oben, 116: Abb. aus: Porträt Hans Wollschläger. Eggingen 1995 – S. 64 unten: Arno-Schmidt-Stiftung, Bargfeld – S. 68 Abb. aus: Auskünfte über Hans Wollschläger (s.o.) – S. 139: Cover von: Hans Wollschläger, Bamberg (Fußnoten zur Literatur. Heft 30, Bamberg 1995) – S. 150: Wallstein-Verlag.

Dank

Großen Dank schuldet der Herausgeber Monika Wollschläger, Hans Wollschlägers 2015 verstorbener Ehefrau, für ihre Unterstützung des Projekts und die Überlassung der Textrechte. Ebensolcher Dank geht an den Göttinger Wallstein Verlag, bei dem aktuell Hans Wollschlägers »Schriften« in zehn Bänden neu erschienen. Auch dieser unterstützte das Projekt auf vielfältige Weise.
Widmen möchte ich dies Lesebuch meinem Sohn Jakob und überdies seiner Generation.

In seinem Bamberger Arbeitszimmer, undatiert.

Nylands »Kleine Westfälische Bibliothek«

Peter Paul Althaus (Bd. 1) ■ Gustav Sack (Bd. 2) ■ Hans Siemsen (Bd. 3) ■ Josef Winckler (Bd. 4) ■ Reinhard Koester (Bd. 5) ■ Elisabeth Hauptmann (Bd. 6) ■ Peter Hille (Bd. 7) ■ Jodocus Temme (Bd. 8) ■ Ernst Meister (Bd. 9) ■ Heinrich und Julius Hart (Bd. 10) ■ Max Bruns (Bd. 11) ■ Paul Zech (Bd. 12) ■ Andreas Rottendorf (Bd. 13) ■ Adolf von Hatzfeld (Bd 14) ■ August Stramm (Bd. 15) ■ Thomas Valentin (Bd. 16) ■ Paul Schallück (Bd. 17) ■ Richard Huelsenbeck (Bd. 18) ■ Erich Jansen (Bd. 19) ■ Felix Fechenbach (Bd. 20) ■ Fred Endrikat (Bd. 21) ■ Clara Ratzka (Bd. 22) ■ Annette von Droste-Hülshoff (Bd. 23) ■ Katherine Allfrey (Bd. 24) ■ Anton Aulke (Bd. 25) ■ Henriette Davids (Bd. 26) ■ Katharina Schücking (Bd. 27) ■ Anton Matthias Sprickmann (Bd. 28) ■ Heinrich Jung-Stilling (Bd. 29) ■ Siegfried Johannes Schmidt (Bd. 30) ■ Erich Grisar (Bd. 31) ■ Johann Moritz Schwager (Bd. 32) ■ Reinhard Döhl (Bd. 33) ■ Hugo Ernst Käufer (Bd. 34) ■ Jenny Aloni (Bd. 35) ■ Michael Klaus (Bd. 36) ■ Max von der Grün (Bd. 37) ■ Hans Dieter Schwarze (Bd. 38) ■ Gerhard Mensching (Bd. 39) ■ Carl Arnold Kortum (Bd. 40) ■ Heinrich Kämpchen (Bd. 41) ■ Ferdinand Krüger (Bd. 42) ■ Werner Streletz (Bd. 43) ■ Rainer Horbelt (Bd. 44) ■ Engelbert Kaempfer (Bd. 45) ■ Heinrich Schirmbeck (Bd. 46) ■ Eckart Kleßmann (Bd. 47) ■ Otto Jägersberg (Bd. 48) ■ Mathilde Franziska Anneke (Bd. 49) ■ Heinrich Maria Denneborg (Bd. 50) ■ Arnold Consbruch (Bd. 51) ■ Maria Lenzen (Bd. 52) ■ Jürgen Schimanek (Bd. 53) ■ Willy Kramp (Bd. 54) ■ Wolfgang Körner (Bd. 55) ■ Frank Göhre (Bd. 56) ■ Hans Wollschläger (Bd. 57) ■ Otto zur Linde (Bd. 58).